Glück kann man kaufen!

Fernsehastrologe Martin Schmid gibt in diesem Buch genaue Hinweise für das Tragen von Glückssteinen und seine Astrologielehrerin Buntiam Chanteenonk erklärt die Wirkweise der Edelsteine

Buntiam Chanteenonk
Martin Schmid

spirit Rainbow Verlag

Aus dem Thailändischen übersetzt von Jatuporn Wisetwongsa
Mit Widmung von Martin Schmid an seine Astrologielehrerin in Thailand

ISBN 3-929046-75-X

Bilder: Martin Schmid.

Buchblocklayout: Andrea Vollath, Aachen
Lektorat: Andrea Genslein
Coverdesign: Computer-Artwork, Hermann R. Lehner
www.drvolldaneben.de
Herstellung:
Books on Demand GmbH, Norderstedt
Erstausgabe: September 2003

spirit Rainbow Verlag
Inh. Gudrun Anders
Forsterstraße 75
52080 Aachen
Telefon / Fax: (02 41) 70 14 7 21
E-Mail: rainbowverlag@aol.com
Homepage: www.spirit-rainbow-verlag.de

Inhaltsverzeichnis

VORWORT

Buntiam Chanteenonk ist meine Astrologielehrerin. Durch Ihr vermitteltes Wissen ist es mir innerhalb kurzer Zeit gelungen, das breite Interesse der Öffentlichkeit zu wecken. Ich war schon lange, bevor ich sie kennen gelernt habe, ein Astrologe. Aber erst ihr Wissen hat mir die Treffsicherheit in der Prognose gegeben. Dafür danke ich ihr sehr und Ihnen, lieber Leser bzw. Leserin kann ich dieses Buch nur empfehlen. Es stammt aus unserer beider Feder und bringt Ihnen das Verständnis um die Macht und den Einfluss der Edelsteine ein Stück näher.

Ihr

Martin Schmid

Mannheim, im Juli 2003

Zur Auswahl Ihres Glückssteins

Bevor Sie zur Auswahl ihres Glückssteines schreiten, sollten Sie Ihr Horoskop kennen und Sie sollten wissen, was Sie wollen. Ihre schwachen Seiten fördern und entwickeln oder ihre starken Seiten zur Vollendung bringen!

Auf jeden Fall müssen Sie ihre wichtigen Planetenkonstellationen kennen. Dazu brauchen Sie eine Radixzeichnung ihres Geburtshoroskops. In diesem Buch habe ich genau beschrieben, was Sie beachten müssen, um einen richtig förderlichen Glücksstein auszuwählen.

Wenn Sie dann endlich ihren Glücksstein bestimmt haben, sollten Sie daran denken, dass nicht der Preis, sondern die Schönheit des Edelsteines den Kauf bestimmen sollte. Ein passender Glücksstein ist sein Geld allemal wert.

Glückssteine oder Steine der Kraft

Edelsteine können eine recht positive Wirkung auf Ihr Schicksal ausüben. Sie haben eine genauso kräftige Wirkung wie ihre Umgebung oder die Menschen, mit denen Sie Kontakt haben. Sie können so stark positiv oder negativ wie ein Lebenspartner wirken.

Woher kommen die Kräfte?

Energie und Materie haben nach der relativen Quantenphysik eine Doppelnatur: Materie kann in Energie und Energie in Materie übergehen.

Der Schweizer Biophysiker Walter Stark hat herausgefunden, dass die elektromagnetische Strahlung der Edelsteine im Frequenzbereich der Schwingungen natürlicher Körperzellen liegt und vom Typ der Biofrequenzen ist, so dass die Edelsteine regulierend auf den gesamten Organismus einwirken können. Glückssteine wirken ähnlich wie das Procain des Professors Niehans, der damit auf die sehr wirksame Neuraltherapie gekommen ist. Diese lindert und heilt oft chronische Leiden in sekundenschnelle, die jeder anderen klassischen Therapie widerstanden haben. Er hat sie nicht direkt neu erfunden, aber immerhin auf das europäische Niveau modifiziert. Die Lehre von den Energiepunkten haben schon Jahrtausende vorher die Chinesen praktiziert. Die Entdeckung dieser enorm wichtigen Energie-Meridiane verliert sich im Dunkel der Geschichte, viele Jahrtausende vor unserer Zeitrechnung.

Im Krankheitsfall, sagt der Physiker Stark, schwingt die Zelle nicht mehr normal, wobei der Wert bis auf Null zurückgehen kann. Erdstrahlen z.B. können die Zellen auch aus ihrem natürlichen Takt bringen. Der Edelstein bewirkt eine Aufladung geschwächter Körperzellen bis zu ihrem ursprünglichen Potential.

Ich persönlich brauche keine „wissenschaftliche Erklärung“. Allzu vieles ist auch in der hohen Wissenschaft der heutigen Zeit nur rein empirisch erforscht und von einem kausalen, genau erkannten Wirkmechanismus weit entfernt.

Als Pragmatiker reicht mir die sich relativ schnell einstellende Wirkung völlig aus. Wenn Sie es selbst mal versucht haben, einen Glücksstein an einer wichtigen Stelle an Ihrem Körper zu tragen, werden Sie sicher genau so denken.

Über den Bereich der Anwendung, auch oftmals Edelsteinmedizin genannt, gibt es eine Reihe umfangreicher Fachliteratur. Meiner Vorstellung nach, sind die Edelsteine einfach Batterien, die sich mit guter oder schlechter Energie im Laufe der Zeit aufladen und ihren Besitzern Wohltaten und Glück oder halt einfach Pech, Unglück und Krankheit bringen. Natürlich kann man mit dem Aufladen guter und fördernder Energie nachhelfen, dazu mehr an anderer Stelle in diesem Buch.

„Über den Wolken muss die Freiheit wohl grenzenlos sein“. Wir alle kennen das Lied von Reinhard Mey. Die Freiheit hängt aber nicht von dem Abstand vom Boden ab und auch nicht, wie dick oder dünn die Luft ist, sondern von der persönlichen Energie. Aber das ist nicht so einfach zu erklären. Immerhin vermittelt uns ein gut gewähltes Umfeld ein höchstmögliches Freiheitsgefühl. Zum gut gewählten Umfeld gehört das Zuhause, aber auch der richtige Partner und der ganz persönliche Glücksstein. Und über Glückssteine werden wir uns in diesem Buch ausführlich unterhalten.

Zuordnungen von Farben und Edelsteinen und deren Wirkungen

Denken Sie aber daran, dass Sie trotz der guten Wirksamkeit richtig gewählter Edelsteine bei medizinischen Problemen einen Facharzt aufsuchen sollten.

Widder
21. März bis 20. April

Farben: **kräftiges Rot, rötlich**

Planet: **Mars**

Glückssteine: **Rubin, roter Spinel, Roter Jaspis, Karneol**

Roter Spinel

Wenn Sie sich verfolgt fühlen oder unterdrückt werden, dann sollten Sie den Spinel tragen. Er ist ein mächtiger Schutzstein.

Material:	Magnesium-Aluminium Oxide
Härte:	8
Farbe:	rot, pink, orange, blau, goldgelb, grau und violett
Fundorte:	Afrika, Brasilien, Indien, Thailand, Sri Lanka und Arizona

Wenn Sie Probleme haben, sich im Lebenskampf zu behaupten, dann sollten Sie an diesen Glücksstein denken. Der rote Spinel ist ein starker Schutz- und Kraftstein, schützt vor negativen Einflüssen anderer, steigert Durchsetzungsvermögen, steigert die körperliche Kraft und erhöht die Ausdauer. Er kräftigt das Chakra in der Mitte der Stirn, oberhalb der Nasenwurzel und die Aura im Kopfbereich. Der Spinel steigert das Immunsystem, wirkt gegen Entzündungen, stärkt Lymphsystem und ist wirksam bei Darmproblemen und Potenzstörungen. Sie müssen es einfach ausprobieren! Denken Sie daran, ein Spinel sollte zwischen knapp 2 bis 4 Karat groß und rot sein und er sollte an der richtigen Stelle getragen werden.

Rubin

Der Rubin ist der Powerstein! Er verleiht Kraft und Ausdauer und stärkt das Herz und wirkt positiv auf Kraftsportler.

Material:	Aluminium Oxiden
Härte:	9
Farbe:	rot
Fundorte:	Afrika, Madagaskar, Burma, Thailand, Vietnam

Der König der Steine, wenn es um Liebe geht.

Kein anderer Stein ist in diesem Bereich wirkkräftiger!

Er schenkt Aktivität, den Männern sogar deutlich mehr Sexualpower! Spontaneität und Mut sind auch Eigenschaften, die er seinen Träger vermittelt. Der Rubin schärft die Sinne, steigert Leistungsfähigkeit und schenkt uns Leidenschaft und Dynamik. Er wirkt auch gesundheitlich positiv und regt die Leber an, stärkt das Immunsystem, wirkt fiebersenkend! Bei Frauen wirkt er gegen Menstruationsbeschwerden und Wechseljahrsbeschwerden.

Aber es gibt sicher noch tausend Gründe mehr, ihn zu tragen.

Jaspis

Bei Infektionen ist der Jaspis die erste Wahl. Er galt schon im Altertum als der Stein der das Immunsystem stärkt.

Material:	Oxide – Achat
Härte:	6,5 – 7
Farbe:	gefleckt
Fundorte:	weltweit

Sie fangen irgendwo mit einem neuen Job an? Sie ziehen um? Sie sind arbeitslos geworden und wissen im Augenblick nicht, wie es weiter geht? Oder es gibt eine, aus welchen Gründen auch immer, große Umstellung in ihrem Leben? Dann sollten Sie einen Jaspis tragen!

Er wirkt auf das Nervensystem stabilisierend und aufbauend und stärkend auf das Immunsystem. Jaspis soll bei Stoffwechselbeschwerden, besonders bei Galleproblemen, helfen. Die Bauchspeicheldrüse stärkt er in ihrer Funktion und Leber und Magen arbeiten zuverlässiger. Er ist ein Blitzableiter für negative Energie. Zufriedenheit und mehr Verständnis sind die Folgen, wenn Sie ihn länger tragen. Wenn es um die Ausdauer geht, auch sportliche Ausdauer, kommt keiner am Jaspis vorbei. Er löst die Blockaden, bevor sie die großen Probleme auslösen. Wenn Sie unter Stress stehen, in einer schwierigen Lebenslage sind oder wenn der Job ihnen den letzten Nerv kostet, mit dem Jaspis fahren Sie in der richtigen Richtung.

Karneol

Er bringt Spaß an den Kleinigkeiten und dem Alltag und er gibt die Kraft, die tausend Nebensächlichkeiten zu bewältigen.

Material:	Oxide – Achate
Härte:	6,5 – 7
Farbe:	rotbraun
Fundorte:	weltweit

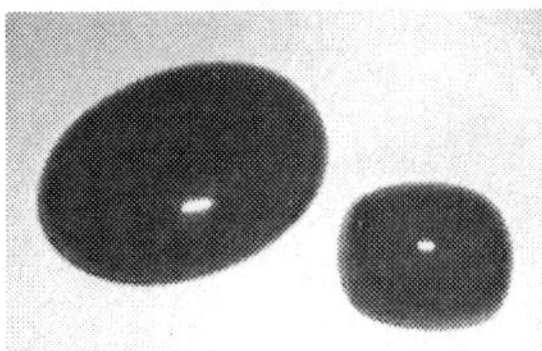

Wer einen Karneol trägt, ist bestens gerüstet für den alltäglichen Wettbewerb in Schule, Familie und Beruf. Er vermittelt uns Spaß am Leben und macht Auseinandersetzungen mehr zum Spiel, als zu ernsten Problemen. Er verbessert die Durchblutung und wirkt regulierend auf den Blutdruck. Er aktiviert aber auch die Verdauung und steigert die Lebensfreude. Doch damit sind die guten Wirkungen noch nicht erschöpft. Der Karneol schärft ihren Realitätssinn und fördert den Unternehmungsgeist, die anstehenden Probleme schnell und konstruktiv zu lösen. Er verstärkt die Funktionen der Milz und bringt Ihr Abwehrsystem auf Touren. Ihre Haut wird verstärkt durchblutet und Ihr Aussehen ist nach wenigen Wochen deutlich besser. Er unterstützt die Verdauungsfunktionen und Magen und Darm; Nieren und Leber machen weniger Probleme. Das Resultat: Sie fühlen sich besser und man sieht es!

Stier
21. April bis 20. Mai

Farben: **intensive Grüntöne und intensive Rosatöne**

Planet: **Venus**

Glückssteine: **Smaragd, helle Saphire, Rosenquarz, Malachit**

Malachit

Der Malachit verstärkt die Intensität der Sinnesorgane. Wenn es ans Genießen geht, hat der Malachit seinen großen Auftritt. Er verstärkt den Genuss.

Material: Carbonate

Härte: 2,5 – 4

Farbe: hellgrün – dunkelgrün

Fundorte: weltweit; Odenwald, Österreich

Der Malachit verstärkt die persönliche Ausstrahlung und er verstärkt auch die persönlichen Wünsche und Begierden. Der Genuss steht im Vordergrund und das Verlangen nach den erwünschten Dingen wird übermächtig, wenn Sie den Malachit tragen. Der Malachit steigert ihre Anziehungskraft und macht Sie für ihr Umfeld sehr attraktiv und begehrenswert!

Er stärkt die Vorstellungskraft, Erinnerungen und Träume rücken stärker ins Bewusstsein, stärkt die Auffassungsgabe, steigert Konfliktfähigkeit, weckt Verständnis für die Welt bei Ihnen selbst und hilft, sich in andere Menschen zu projizieren. Gesundheitlich wirkt der Malachit gegen Beschwerden der Gelenke und bei Problemen der Bandscheiben und der Wirbelsäule. Auch bei degenerativen Erkrankungen kann er eine positive Rolle spielen, zum Beispiel bei Asthma. Er kräftig die Funktion des Herzens, stärkt den Herzmuskel, senkt den Blutdruck und stabilisiert den Kreislauf. Menstruationsbeschwerden werden leichter ertragen und die Geburt funktioniert reibungsloser, wenn Sie einen

Malachit tragen. Er steigert auch die Fruchtbarkeit! Achten Sie aber auf eine positive Mondstellung, wenn Sie ihn das erste Mal tragen.

SMARAGD

Er wirkt wie ein Magnet auf gute Lebensumstände. Er ist der Stein, wenn es um die Vermehrung von Besitz und Reichtum geht.

Material:	Beryll
Härte:	7,5 bis 8
Farbe:	grün
Fundorte:	Afrika, Brasilien, Kolumbien, Pakistan, Zambia

Er wirkt harmonisierend, fördert Rücksichtnahme, unterstützt geistiges Wachstum und macht hellsichtig! Er stärkt die Lebensfreude und die Sehkraft, wirkt super für den Knochenaufbau und die Regeneration der Bandscheiben und die reibungslose Funktion der Wirbelsäule. Er hilft gegen Stoffwechselprobleme und besonders gegen Rheuma, grippale und fieberhafte Infekte. Smaragd stärkt das Immunsystem, hilft bei Epilepsie, multipler Sklerose und Schwindel, er ist stark krampflösend und vermindert die Entstehung von Kopfschmerzen. Er ist der beste Geldstein, den es gibt! Und er ist auch ein idealer Glücksstein für alle, die viel lernen und studieren.

OPAL

Er gilt als Muntermacher, wirkt exzellent gegen Depressionen und Ängste.

Material:	Oxide
Härte:	5,5 – 6,5
Farbe:	weiß, blau, grün, orange, rot, schwarz
Fundorte:	Australien

Der Opal gibt intuitiv Spontaneität, lindert problematische Herzbeschwerden, weckt den Wunsch nach Abwechslung, macht empfänglich für Poesie, Musik und Kunst. Er schafft das passende Umfeld um Kunst und Kreativität genüsslich zu erkennen. Er ist der Stein, der uns die wichtigen Dinge des Lebens eindringlich widerspiegeln kann. Er verstärkt die weiblichen Eigenschaften und vermag es wie kein anderer Stein, das Rampenlicht und die Öffentlichkeit anzuziehen.

ROSENQUARZ

Der Sinn für Schönheit und Luxus wird durch diesen Edelstein verstärkt. Und er zieht die angenehmen Dinge auch an.

Material:	Oxide
Härte:	5,5 – 6,5
Farbe:	rosa – bräunlich
Fundorte:	Südafrika, Madagaskar

Der Stein der Venus weckt in uns den Sinn für Schönheit. Auf Herz und Kreislauf wirkt er regenerierend. Bringt Linderung bei Anämie und Leukämie. Er vermehrt bei Männern die Produktion der Samen in den Hoden und macht auch Frauen fruchtbarer. Er fördert das Wachstum der weiblichen Brust, wenn er schon in frühen jugendlichen Jahren getragen wird und er wirkt festigend auf die weibliche Brust in späteren Jahren. Auch auf depressive Gefühlszustände wirkt er lindernd und wenn Sie Probleme mit Erdstrahlen und Wasseradern haben, so werden Sie eine deutliche Verbesserung spüren, wenn Sie den Rosenquarz tragen. Er vermag schädliche elektromagnetische Strahlen zu neutralisieren. Wirkt auf Verliebte bindend und bringt die Heilung des Herzens, wenn wir unter einer gescheiterten Partnerschaft leiden. Er fördert unser Durchsetzungsvermögen und erhöht die Sensibilität für wichtige Dinge in unserem Umfeld.

ZWILLING
21. MAI BIS 21. JUNI

Farben: **hellgelb, gelb, hellorange**

Planet: **Merkur**

Glückssteine: **alle Berylle, Citrin, Bernstein, Goldtopas**

CHRSYSOBERYLL

Ein Kontakter! Für Vertreter fast unentbehrlich und auch für alle, die mehr Kontakte und Resonanzen aus der Umgebung erwarten. Auch Sie werden ein idealer Unterhalter, wenn Sie diesen Stein über längere Zeit tragen.

Material: Beryllium-Aluminiumoxide

Härte: 8,5

Farbe: gelb, weiß, grün und grün-braun

Fundorte: Brasilien, Burma, Indien, Russland, Sri Lanka und Zimbabwe

Der Stein der Kommunikation schlechthin. Wie alle Merkursteine, fördert er die Kontakte und die Kommunikation. Man lernt unter seinem Einfluss leichter und man hat weniger Probleme sich geschickt auszudrücken und andere zu überzeugen.

CITRIN

Sie haben dünne Nerven? Dann wird Sie dieser Stein interessieren. Er stärkt Ihren Verstand und lässt die Vernunft aufblühen. Alle, die unter Psychosen und Angstzuständen leiden, sollten diesen Stein ausprobieren.

Material:	Silicon Dioxide
Härte:	7
Farbe:	gelb, orange und rot
Fundorte:	Afrika und Brasilien

Der Citrin wirkt beruhigend auf die Nerven und verleiht die Gabe, folgerichtig, also logisch zu denken. Er macht kontaktfreudig und zieht viele Freunde an. Für alle Globetrotter und Geschäftsreisenden ist er ein wichtiger Stein, denn er lässt uns überall Freunde finden. Auf der Brust getragen, ist er einer der wichtigsten Schutzsteine, da er seinen Träger vor dem bösen Blick und vor neidischen Intrigen bewahrt. Der Citrin kommt auch natürlich vor, all zu oft ist es aber ein gebrannter Amethyst, der als Citrin verkauft wird. Der echte Citrin ist blassgelb, im Gegensatz zum gebrannten Amethyst, der intensiv Gelb ist.

BERNSTEIN

Wenn Sie ihn tragen, steigt Ihr Selbstvertrauen innerhalb weniger Wochen und Ihre Impulsivität und Aggression weicht der Sanftheit, Beständigkeit und Beharrlichkeit. Das erste Zeichen der Wirksamkeit bemerken Sie an der zunehmenden Vitalität Ihrer Haut.

Material:	Amorph
Härte:	2 – 2,5
Farbe:	goldgelb – bräunlich, honigfarben
Fundorte:	Ostsee; Polen, Russland

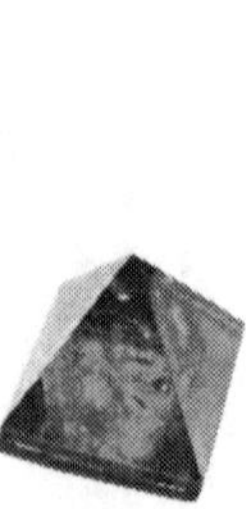

Bernstein wirkt mildernd gegen alle Allergien, bringt Linderung bei Heuschnupfen und hilft sogar bei Zahnschmerzen. Bernstein hebt die Lebensfreude und fördert die Entscheidungsfreude. Auf den gesamten Gemütszustand wirkt er aufhellend. Unreine Haut, Warzen, Ekzeme, Schuppen, Entzündungen im Mund- und Rachenraum verschwinden! Selbst Arthritis, Gicht und Rheumabeschwerden scheinen zurückzugehen. Er hilft Kindern beim Zahnen, fördert, aktiviert und stärkt das Immunsystem

Goldtopas

Er fördert Kontakte und Kommunikation. Er ist ein Stein, der Ihre persönliche Ausstrahlung stärkt und ihr Bewusstsein ins Zentrum versetzt, in die eigene Mitte.

Material:	Aluminium Silicate Fluoride Hydroxide
Härte:	8
Farbe:	orange
Fundorte:	Brasilien, Mexiko, Nigeria und Pakistan

Er wird selbst in den ältesten schriftlichen Überlieferungen erwähnt und gilt als sehr heilkräftig. Der Goldtopas wird dem Zeichen Zwilling, aber auch dem Jungfrauzeichen zugeschrieben. Er vermittelt seinem Träger Optimismus und Ausgeglichenheit. Er gilt als der ideale Glücksstein bei nervlichen Problemen, vor allem wenn diese von den Luft- oder Feuerelementen verursacht werden. Der Goldtopas macht uns fröhlich und vermittelt uns eine positive Grundstimmung, mit der wir unser Umfeld regelrecht anstecken. Er macht uns einfach erfolgreicher, weil wir uns besser fühlen.

KREBS
22. JUNI BIS 22. JULI

Farben: silberfarben, opalisierende Farben, auch grünliche Töne

Planet: Mond

Glückssteine: Mondstein, Opal, Perlen, Chrysokoll, Peridot

MONDSTEIN

Er macht hellsichtig und einfühlsam. Wenn Sie meditieren, sollten Sie ihn tragen oder wenn Sie über wichtige Dinge des Lebens nachsinnen. Er ist der Stein der Medien und Hellsichtigen.

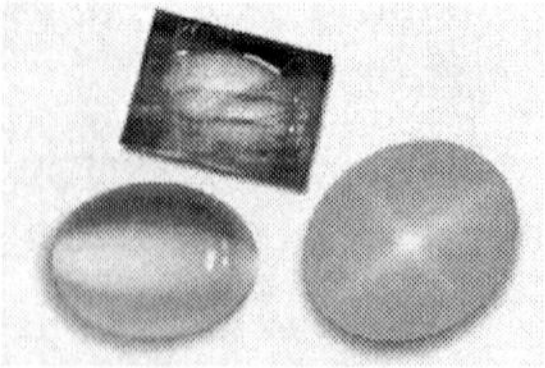

Material:	Silikate
Härte:	6
Farbe:	gelb, sand, champagner, weiß, schwarz, rot, hellgrün
Fundorte:	Sri Lanka, Brasilien, Madagaskar, Australien

Der medial machende Edelstein fördert Intuition und Feinfühligkeit, sorgt für spontane Einfälle. Er ist nach meiner Meinung der beste Meditationsstein und er hilft, sich an Träume der vergangenen Nacht zu erinnern. Durch seine verstärkende Eigenschaft, die Mondwirkung zu potenzieren, fördert er Ihre seelische Ausgeglichenheit und macht Sie für wichtige Eindrücke aufnahmebereit. Er relativiert unbegründete Ängste und bringt die Auflösung durch Konfrontation im alltäglichen Leben, innerhalb kurzer Zeit. Er fördert Fruchtbarkeit, indem er Ihnen den natürlichen Rhythmus zurückbringt und hilft gegen Schmerzen bei Menstruationsbeschwerden. Er regt den weiblichen Stoffwechsel an, fördert die Verdauung, ist allgemein gut für Frauen in allen Lebenslagen und wirkt stabilisierend bei Hormonschwankungen. Günstig auch während der Pubertät, Schwangerschaft, Wechseljahren und sonstigen weiblichen Problemzeiten. Aber nicht nur für Frauen ist der Mondstein zu empfehlen, auch für zu maskuline Männer ist er ein wichtiger Stein, der den hormonellen und psychischen Ausgleich bringt. Er kann gerade für sogenannte „Machos“ ein extrem erfolgsbringender Glücksstein sein, weil er das für den großen Erfolg so wichtige Wasser-Element, normalisieren kann.

OPAL

Wenn Sie in der Öffentlichkeit schillern und strahlen wollen, Ambitionen eines Stars oder einer Filmdiva haben, dann ist dieser Stein für Sie äußerst wichtig.

Material:	Silicon Dioxide und Wasser
Härte:	4,5 – 6,5
Farbe:	weiß, gelb, orange, rot, grün, blau, braun, grau und schwarz
Fundorte:	Australien, Brasilien, Mexiko, Honduras, Nevada

Wenn Sie Erfolg in der Öffentlichkeit wollen, dann ist er der Stein der ersten Wahl. Ein Glücksstein für alle, die mal auf der ersten Seite eines Titelblattes stehen oder abgebildet sein wollen oder eine Show abziehen wollen. Er gilt als Muntermacher, wirkt exzellent gegen Depressionen und Ängste. Der Opal gibt intuitiv Spontaneität, lindert problematische Herzbeschwerden, weckt den Wunsch nach Abwechslung, macht empfänglich für Poesie, Musik und Kunst. Er schafft das Umfeld um Kunst und Kreativität intuitiv zu erkennen und zu genießen. Er ist der Stein, der uns die wichtigen Dinge des Lebens eindringlich widerspiegeln und anziehen kann.

CHRYSOKOLL

Er hält den Stress von Ihnen ab!

Material:	Ring-Silikate
Härte:	2 - 4
Farbe:	türkis/blau
Fundorte:	Arizona, Mexiko, Brasilien

Sie wollen in Urlaub fahren und möglichst keine Störungen mitnehmen und während des Urlaubs richtig entspannen? Der Edelstein Chrysokoll ist der beste Glücksstein, der uns den wichtigen Abstand vom Alltag und die Toleranz für unser Umfeld bringt! Er weckt die Intuition und verstärkt unsere geistige Wahrnehmung für die ganz persönlichen Dinge des Lebens. Der Chrysokoll ist apfelgrün bis blaugrün, teils mit Einschlüssen. Als wichtigste Eigenschaften werden ihm nachgesagt, das er das Fieber senkt und bei starkem Stress beruhigt.

Perlen

Das schönste Geschenk der großen Ozeane und Meere an die Menschen. Perlen sind die wundersamen und gleichsam zauberkräftigen Tränen der Meeresgöttin.

Material:	Calciumcarbonat
Härte:	3,5 bis 4
Farbe:	alle Farben möglich
Fundorte:	alle Küsten

Sie machen jede Frau anschmiegsamer, einfühlbereiter und fraulicher. Und sie machen auch fruchtbar. Zu allen Zeiten wurden die Perlen geschätzt und lange Zeit durften nur adelige und gekrönte Häupter diesen anspruchsvollen und seltenen Meeresschmuck tragen. Heutzutage werden die Perlen fast am Fließband hergestellt und sind dadurch wesentlich preiswerter geworden. Die Schönheit dieser Glanzstücke der Natur ist aber wie eh und je, einfach faszinierend. Jede Frau wertet sich auf, wenn sie diesen schönen Schmuck trägt.

Achtung: Perlen altern wie die Menschen, sie können bis zu 100 Jahre alt werden. Nur mit warmen Wasser reinigen!

PERIDOT

Sonne, Saturn und Merkur müssen gut stehen, dann entfaltet der Peridot seinen größten Einfluss. Er kann Wohlstand und gutes Einkommen möglich machen und auf lange Zeit sichern.

Material:	Die Edelsteine der Gruppe Olivine bestehen aus Magnesium Eisen Silicat. Der Eisenanteil bestimmt die Farbtiefe des Steins
Härte:	7-8
Farbe:	grün
Fundorte:	Brasilien, Mexiko, Nigeria und Pakistan

Die Strahlungen der alten Epochen sind in diesem Material enthalten. Also, Energie aus längst untergegangenen Zeiten. So zumindest eine Beurteilung von Peridot aus alten Überlieferungen. Peridot ist wirksam bei allen Problemen, die mit den Augen zusammenhängen, und er wurde schon im alten Ägypten deswegen hoch geschätzt. Er vermittelt einen guten Geschmack beim Einrichten von Wohnungen und einen guten Stil und Geschmack bei Beurteilung aller Dinge, die mit Aussehen, Klamotten, Schuhen und mit Design zu tun haben. Die Bezeichnung Peridot stammt aus dem griechischen Wortspiel: In Fülle geben. Und das geht auch in Richtung seiner zugeschriebenen Wirkeigenschaft, dem Träger Hoffnung auf Karriere, Reichtum und Fülle in der Zukunft zu geben. Freilich geht das Versprechen des Peridot nicht ohne eigenes Zutun in Erfüllung.

Löwe
23. Juli bis 23. August

Farben: **weiß**

Planet: **Sonne**

Glückssteine: **Bergkristall, weißer Edeltopas, Diamant**

Bergkristall

Nach alten Überlieferungen ist der Bergkristall ein Stein, der Offenheit bringt. Er deckt Komplotte auf und zerstört Intrigen.

Material:	Quarz
Härte:	7
Farbe:	farblos
Fundorte:	Brasilien, Deutschland; weltweit

Nach alten Überlieferungen ist der Bergkristall ein Stein, der Offenheit bringt. Er deckt Komplotte auf und zerstört Intrigen. Er schützt seinen Träger vor gefährlichen unsichtbaren Strahlen und schlechten Od-Einflüssen. Jeder Handy- und Computerbesitzer sollte so einen Stein in der unmittelbaren Nähe am Schreibtisch haben, wenn er sich mit den genannten elektronischen Geräten umgibt. Es ist auch sinnvoll ihn in Bettnähe, am Besten in der Nähe des Kopfkissens zu platzieren. Wenn Sie Alpträume plagen, sollten Sie ihn unter dem Kopfkissen haben. Er ist das ideale Geschenk für einen aggressiven Chef, um ihn auf wirksame Weise zu besänftigen.

EDELTOPAS

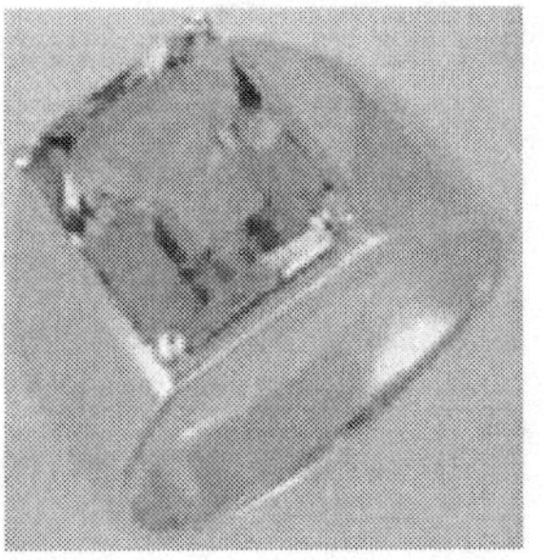

Er ist der Stein der Vitalität und des Wachstums. Er kann zur Schwangerschaft verhelfen aber auch zu mehr Fruchtbarkeit auf allen anderen Gebieten.

Material:	Aluminium Silicate Fluoride Hydroxide
Härte:	8
Farbe:	orange, gelb, farblos, blau, braun
Fundorte:	Brasilien, Mexiko, Nigeria und Pakistan

Die guten vitalisierenden Eigenschaften des Topas sind seit langer Zeit bekannt. Er verhilft zu mehr Selbstbewusstsein, bringt Ehrgeiz und macht Erfolg durch viel Power möglich. Er wehrt negative Kräfte ab und Sie sollten ihn unbedingt tragen, wenn in Ihrer Nähe, mehrmals, in kurzer Zeit, eine Glühbirne zerplatzt. Er vermittelt eine fröhliche Gesinnung und eine Stimmung, die frei von den alltäglichen Abhängigkeiten ist. Wenn er zu den wichtigen Mondaspekten getragen wird, macht er fruchtbar. Frauen sollten ihn bei zunehmenden Mond am Ringfinger links tragen, wenn sie schwanger werden wollen. Er ist ein Vitalitätsstein, den Kranke unbedingt als Anhänger tragen sollten, bis sie wieder ganz gesund sind. Auch für Sportler, die in der Aufbauphase sind, ist er ein wirksamer Kraft-Edelstein.

DIAMANT

Der König der Steine. Ein Diamant bringt viel Anerkennung, Karriere und Aufstieg im Leben. Er sollte mindestens ein halbes Karat haben und lupenrein sein. Diamanten mit sichtbaren Einschlüssen sollten Sie meiden, sie bringen Unglück.

Es gibt ihn in verschiedenen hellen Farbschattierungen.

Material:	Karbon (Kohlenstoff)
Härte:	10
Farbe:	weiß, grün, braun, pink, blau, lavendel, orange und rot
Fundorte:	Angola, Australien, Botswana, China, Kanada, Kongo, Namibia, Südafrika, Russland und Zaire.

Der Diamant ist der härteste aller Edelsteine und wurde daher auch schon von den alten Völkern vergangener Zeiten als „der König aller Edelsteine" geehrt. Seinem Träger verleiht der Diamant großes Selbstbewusstsein und Glück in geschäftlicher Hinsicht. Er kann aber auch überheblich machen, wenn er einfach zu groß für den Träger ist oder wenn er sichtbare Einschlüsse hat. In der heutigen Zeit gilt der Diamant als unvergänglicher Beweis für Liebe und Treue und ist überdies auch noch eine gute Geldanlage. Nach der Lehre des Ayurveda, fängt der Diamant ab einem ½ Karat Größe besonders stark zu wirken an. Wenn Sie ganz großen Erfolg wollen und Ihr Karrierehunger nicht zu stillen ist, dann sollten Sie einen lupenreinen Diamanten über ein Karat wählen. Eine reinweiße Farbe sollte er haben, wenn er im Zeichen Löwe steht. Farbige Diamanten können jedoch für andere Zeichen durchaus von Vorteil sein, auch wenn sie preiswerter zu bekommen sind. Steht die Sonne im Zeichen Waage, sind hellblaue, hellgelbe und rosagetönte Diamanten durchaus sehr günstig.

JUNGFRAU
24. AUGUST BIS 23. SEPTEMBER

Farben:	**sattes Gelb bis dunkles Orange und Grautöne**
Planet:	**Merkur**
Glückssteine:	**Beryll, Tigerauge, Citrin, Goldtopas, Chalzedon**

HALBEDELSTEIN CHALZEDON

Wenn Sie gesundheitlich labil reagieren und oft über Erkältungen zu klagen haben, rate ich Ihnen zu diesem Stein.

Material:	SiO_2, Gruppe: Quarze
Härte:	7
Farbe:	gibt es in vielen Farben, oft sind diese aber gefärbt. Wärme und UV-Strahlung verursachen Farbverluste.
Fundorte:	Brasilien, Deutschland; weltweit; bester Fundort ist Südafrika

Der Stein fördert das optimistische Lebensgefühl, er ist der „Stein der Redner"! Wenn er an der richtigen Stelle getragen wird, hilft er perfekt bei Alpträumen und unruhigem Schlaf. Wenn Sie öfter Schnupfen haben: er ist die Abwehrwaffe Nummer 1 bei grippalen Infekten, Entzündungen und Fieber! Seit Neuestem wird ihm von vielen Chinesen auch bei SARS eine starke Wirkung zugeschrieben. Er verschafft Erleichterung bei Wetterfühligkeit, vermindert die Beschwerden bei Augenerkrankungen und aktiviert und normalisiert die Hormontätigkeit selbst im hohen Alter.

GOLDTOPAS

Der Stein der Fülle und Fruchtbarkeit. Nicht nur Frauen, die schwanger werden sollen, ist dieser Stein zu empfehlen. Auch wenn Sie ein Buch schreiben oder mit einer kräftezehrenden Aufgabe betraut sind, sollten Sie einen Topas tragen.

Material: Aluminium Silicate Fluoride Hydroxide

Härte: 8

Farbe: orange

Fundorte: Brasilien, Mexiko, Nigeria und Pakistan

Er wird selbst in den ältesten schriftlichen Überlieferungen erwähnt und gilt als sehr heilkräftig. Der Goldtopas wird dem Zeichen Jungfrau zugeschrieben. Er vermittelt seinem Träger Optimismus und Ausgeglichenheit. Er gilt als der ideale Glücksstein bei nervlichen Problemen, vor allem wenn diese von den Luft- oder Feuerelementen verursacht werden. Aufpassen, oft wird ein Citrin als Goldtopas verkauft. Der Goldtopas muss die Härte 8 aufweisen, wenn er echt ist. Er ist der Stein, der jede Jungfrau zur Hochform animiert. Das heißt für jeden Merkurbetonten: sich einfach geistig voll ausleben und dabei auch nicht zu vergessen, dass Gründlichkeit und Genauigkeit das oberste Gebot sind.

TIGERAUGE

Bei den Muslimen ist er besonders beliebt, weil er den Verstand schärft. Als sehr preiswerter Merkurstein wird er wegen seines fördernden Einflusses auf die grauen Zellen weltweit geschätzt.

Gruppe: Quarze

Härte: 7

Farbe: braun

Fundorte: Südafrika; weltweit

Seine positiven Wirkungen sind Ellenlang: Knochen, Gelenke und Bewegungsapparat werden positiv aktiviert und regeneriert. Verspannungen werden gelöst und Atemwege von Blockaden befreit. Die Konzentration und Wachsamkeit nimmt zu! Das Tigerauge hilft, den Durchblick auch über große Zusammenhänge zu behalten, er fördert die innere Ruhe und stärkt Ihre Entscheidungsfreudigkeit. Er schenkt Wärme und Geborgenheit und hilft Ihnen, die Menschen zu finden, denen Sie ohne Probleme vertrauen können. Auch bei Beschwerden der Luftwege, also Bronchitis und Asthma, bringt er schnelle Besserung. Er kann die Überreitzung der Nerven und die Überfunktion der Nebennieren lindern.

Übrigens, Quarze gibt es in verschiedenen Farben:

farblos, weiß, verschieden gefärbt (rot, braun, grün, gelb, violett, schwarz, blau)
Normaler Quarz - weiß bis grau
Härte 7
Chem. Formel: SiO2
Fundorte: Weltweit! Brasilien, Deutschland, Österreich, Thailand

Bergkristall – weiss-farblos
Rauchquarz – dunkle Brauntöne
Amethyst - blau bis dunketviolett
Citrin – gelb

Undurchsichtige bis durchscheinende Edelsteinqualitäten:

Jaspis: gelb, rot, braun
Amethystquarz: violett
Falkenauge: blau - bläulichgrün, grau, schwarz gestreift, seidig schimmernd
Tigerauge: gelb-grünlichgelb, grau, schwarz gestreift, seidig schimmernd
Chalzedon: milchigweiß
Chrysopras: - grün,
Karneol: gelb bis rot (Sarder - braun, rot durchscheinend)
Heliotrop: zartgrün mit roten Punkten
Achate: in vielen Farben und Mustern
Opal (Wasser-, Edel-, Feueropal): farblos oder trüb mit Glanzeffekten
Flint (Feuerstein): schwarz, grau, braun in verschiedenen Tönungen
Rosenquarz: milchigweißrosa, rosa

Waage
24. September bis 23. Oktober

Farben: **rosa, hellblau, hellgrün**

Planet: **Venus**

Glückssteine: **Saphire und Diamanten in hellen zarten Farben, Jade**

Diamant

Der Diamant ist der härteste aller Edelsteine und wurde daher auch schon von den alten Völkern vergangener Zeiten als „der König aller Edelsteine" geehrt.

Material: Karbon (Kohlenstoff)

Härte: 10

Farbe: weiß, grün, braun, pink, blau, lavendel, orange und rot

Fundorte: Angola, Australien, Botswana, China, Kanada, Kongo, Namibia, Südafrika, Russland und Zaire.

Seinem Träger verleiht der Diamant großes Selbstbewusstsein und Glück in geschäftlicher Hinsicht. Er kann aber auch überheblich machen, wenn er einfach zu groß für den Träger ist oder wenn er sichtbare Einschlüsse hat. In der heutigen Zeit gilt der Diamant als unvergänglicher Beweis für Liebe und Treue und ist überdies auch noch eine gute Geldanlage. Nach der Lehre des Ayurveda, fängt der Diamant ab ½ Karat Größe besonders stark zu wirken an.

Für die Waagen gilt: Die am besten wirkenden Diamanten sind leicht gefärbt. Und zwar in rosa, hellblau oder hellgrün.

SAPHIR

Er bringt Glück wie kein anderer Stein. Der Lebensstandard wird sich deutlich verbessern, wenn Sie diesen Stein auswählen und über längere Zeit tragen. Er ist der Venus und dem Jupiter zugeordnet und er begünstigt das Wohlergehen und die Freude am Leben.

Material:	Aluminium Oxide
Härte:	9
Farbe:	blau, rot, orange, grün gelb, rosa, hellgelb, hellblau, dunkelblau, purpurfarben
Fundorte:	Australien, Kambodscha, Thailand, Sri Lanka, Burma, Tansania, und Montana in den USA

Nach den alten Griechen schenkt der Saphir, besonders den in den Sternzeichen des Schützen und der Waage geborenen, Treue, Klugheit und Vernunft. Er verleiht ihnen Unschuld, ruhige Nerven und Konzentration. In der Liebe schützt er die Zweisamkeit und bewahrt vor Untreue und Falschheit.

Der Saphir mit kräftiger blauer Farbe, ist der stärkste Jupiter-Glückstein. Der hellblaue, hellgrüne, hellgelbe sowie der pinkfarbene Saphir, sind echte Venussteine. Sie bringen Ihnen gehäuft die Wohltaten der Venus: pures Glück, Protektion, glückliche Zufälle und ein angenehmes Leben.

Saphir ist der Stein der Liebe und des angenehmen Lebens. Die oberen Zehntausend haben genau diese Aspekte. Egal welche Farbe Sie wählen, wenn Ihre Venus oder Ihr Jupiter gut stehen und Sie diesen Glücksstein in hellen Farben für die Venus oder im satten Blau für den Jupiter in Gold gefasst am Ringfinger links oder rechts tragen, werden Sie sehr viel Glück in der Liebe haben. Eingeschlossen und garantiert sind auch angenehme finanzielle Lebensverhältnisse.

JADE

Wenn Sie unter harten Lebensbedingungen Ihr Dasein fristen, ist er der Stein, der Ihnen die nötige Kraft und Ausdauer gibt. Er macht Beinhart.

Material: Jadeit, Nephrit, Chloromelanit

Also aufpassen! Jade kann aus den drei Materialien bestehen und eigentlich aus noch vielen mehr. Auch der Amazonit, Bowenit und Prehnit wird oft als Jade verkauft. Smaragdgrüner Jadeit aus der chinesischen Provinz Jüan ist die teuerste Jade.

Härte: 5,5 bis 6,5

Farbe: gelb, grün, blau bläulich, rötlich, elfenbeinweiß

Fundorte: China; weltweit

Jade in jeder Form gilt als Glücksbringer. Die schönste Venus-Farbe von Jade ist hellgrün. Aber es gibt noch zahlreiche andere Farben von blau bis dunkelgrün, aber auch weiß, rötlich und durchsichtig. Selten ist die Farbe von Jade violett, gelb oder schwarz. Im Altertum zählte Jade zu den besten aller Edelsteine, welche die fünf Haupttugenden verkörpert: Gerechtigkeit, Barmherzigkeit, Bescheidenheit, Weisheit und Mut.

Jade aktiviert ihrem Träger den Blick für das Wesentliche und klärt das Bewusstsein. Jade beschert ein langes und gesundes Leben. Den sensiblen Waage-Menschen dient die Jade als Traumstein, welcher die Fähigkeit verleiht, Träume zu deuten oder Wahrträume zu erleben. Jade kann Freundschaft in innige Liebe verwandeln. Ein besonders starker Venusstein ist Jade, wenn die Farbe des Jadesteins sehr hellgrün ist.

Skorpion
24. Oktober bis 22. November

Farben:	**dunkelrot, rötlich**
Planet:	**Pluto, Mars**
Glückssteine:	**Granat, Karneol, Hämatit, rote Opale, alle dunkelroten Steine**

Hämatit

Sie sind farblos und machen auf Ihr Umfeld zuwenig Eindruck? Probieren Sie mal den Hämatit aus. Er wird Ihnen mehr Durchsetzungsfähigkeit und mehr Einflussnahme in Ihrem Umfeld ermöglichen.

Material:	kristallisiertes Eisenoxid
Härte:	5,5 bis 6
Farbe:	schwarz mit metallisch glänzender Oberfläche
Fundorte:	Brasilien, Deutschland

Er ist der Stein der Krieger und macht mutig und verwegen. Der Hämatit wirkt günstig gegen Blutarmut. Er hilft auch gegen Stoffwechselschlacken und wirkt blutreinigend, gefäßerweiternd und normalisiert den Kreislauf. Die ganze Verdauung scheint besser zu funktionieren, weil die Säurebildung im Magen angeregt wird und dadurch funktioniert auch die Resorption der Nahrung deutlich besser und die Vitalität nimmt zu. Der Hämatit verhilft seinem Träger zu ruhigem Schlaf. Er warnt vor Gefahren und gibt dauerhafte Kraft für aufreibende berufliche Tätigkeiten. Für alle, die handwerklich schwer arbeiten müssen, ist er der richtige Stein. Aber auch Kraftsportler oder Bodybuilder profitieren von den starken Eigenschaften des Glückssteins Hämatit, um den Träger ehrgeizig zu machen und sich an große Ziele zu wagen.

GRANAT

Er fördert die Leidenschaft und intensiviert die Gefühle.

Der Granat ist der beste Freundschaftsstein.

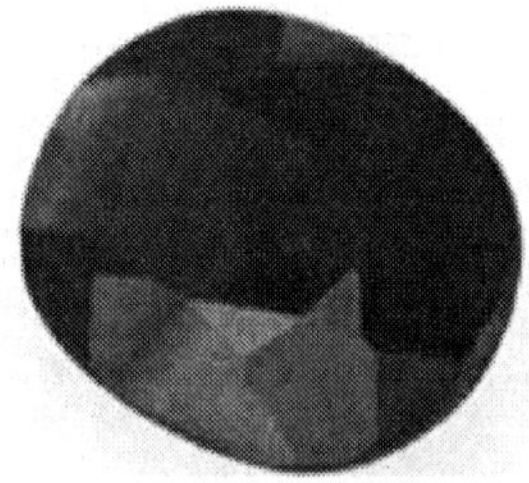

Material:	Verschieden, von Magnesiatongranat (Pyrop), Tsavorit: Chrom-Vanadiumhaltiger Kalktongranat, Almadin: Eisentongranat, Grossular: Kalktongranat, Rhodolit: Magnesiaeisentongranat bis zum chromhaltigen Kalkeisengranat (Demantoid) reicht die Sortenvielfalt, die damit noch lange nicht ausführlich beschrieben ist.
Härte:	6,5 bis 7,5
Farbe:	rot, orange, grün und gemischte Farben.
Fundorte:	Afrika, Brasilien, Indien, Thailand, Sri Lanka und Arizona

Er gibt Zuversicht und Halt, hält den Lebensmut aufrecht, hilft, sich von alten Gewohnheiten und Ansichten zu trennen. Wirkt festigend für Freundschaften und stabilisierend für Beziehungen. Gesundheitlich hat er einen positiven Einfluss bei Herzerkrankungen. Er stabilisiert den Kreislauf und hilft gegen Durchblutungsstörungen. Seine Kraft stärkt die Selbstheilungskräfte des Körpers und harmonisiert den Blutkreislauf.

Der dunkelrote Granat gilt als Edelstein der Treue und der Hoffnung. Man schenkt diesen Stein beim Abschied, um dem zurückbleibenden Partner Gewissheit auf ein Wiedersehen zu geben. Der Granat wirkt besonders stark bei Skorpionen und Plutobeeinflussten Menschen. Er soll sich bei Untreue des Partners dunkel färben! Er bringt dem Träger viel Power, eine gute Gedächtnisleistung und er mobilisiert die sexuelle Leidenschaft. Und gerade diese Eigenschaft macht ihn für viele Leute attraktiv.

Schütze
23. November bis 21. Dezember

Farben: **blau**

Planet: **Jupiter**

Glückssteine: **blauer Saphir, Lapislazuli, Türkis, blauer Edeltopas**

Bester Platz zu tragen: Ringfinger links und rechts, Handgelenk links

Bestes Metall: Zinn und Gold

Lapislazuli

Der Lapislazuli ist ein wirkkräftiger Jupiter-Glücksstein. Vor allem als Schutzstein! Wenn Sie das Gefühl haben, dass Sie völlig blockiert werden oder unter einem Bann leiden, dann ist er der richtige Stein.

Material: körniges Gestein

Härte: 5 bis 5,5

Farbe: dunkelblau

Fundorte: Afghanistan, Chile, Kolumbien

Der Lapislazuli ist ein echter Schutzstein, wenn es sich um schwarze Magie handelt oder wenn Sie wissen, dass Ihnen jemand nicht wohl gesonnen ist und Böses wünscht. Auch bei schlechten Standorten hilft der Lapislazuli, die widrigen Einflüsse in Grenzen zu halten. Er vereint die Kräfte Jupiters und Saturns und gibt auch beruflich die richtigen Impulse, um der Karriere förderlich zu sein. Auch hier hilft er, eventuellen Gegnern und Konkurrenten nicht zu unterliegen. Kurzum, jeder der viel erreichen will, sollte den Glücksstein Lapislazuli an der für ihn richtigen Stelle tragen. Nach meinem Wissen, wirkt er am besten entweder links rechts am Ringfinger in möglichst reinem Gold gefasst. Die Ringfassung sollte schon in 10, 14 oder 18 Karat Gold sein. Sie sollten aber in jedem Fall prüfen, ob der Glücksstein auch wirklich zu ihnen passt. Ein falsch gewählter Jupiterstein kann zu Einkaufsorgien führen und zu unnötigen Geldausgaben verleiten. Achtung, der Edelstein ist nicht sehr hart und kann daher leicht zerkratzen. Nur mit warmen Wasser reinigen. Selbst Haushaltsreiniger können dem Stein schaden.

Topas

Der blaue Topas ist ein typischer Jupiterstein. Er ist ein starker Vitalitätsstein und bringt Power in Ihr Leben!

Material:	Aluminium Silicate Fluoride Hydroxide
Härte:	8
Farbe:	orange, gelb, farblos, pink, blau und braun
Fundorte:	Brasilien, Mexiko, Nigeria und Pakistan

Aber er kann auch Frauen helfen, bei zunehmender Mondphase schwanger zu werden. Er stärkt das Ich und lässt die eigenen Fähigkeiten klar erkennen und entwickeln. Er fördert die Selbstverwirklichung und deswegen ist er einer der besten Glückssteine für die Karriere. Vor allem für Sportler und solche Leute gut, denen es auf höchstmögliche Fitness ankommt, also Kraftsportler.

Er wirkt auch krampflösend und entspannend! Er hilft bei nervösen Erschöpfungszuständen und Abgeschlagenheit. Bringt Hilfe bei Magenentzündungen und Übersäuerung.

Türkis

Der Türkis ist der bekannteste Jupiterstein. Ideal um sich vor Unfällen auf Reisen zu schützen. In Asien wird er sehr geschätzt und auch in Amerika von den Ureinwohnern, den Indianern, heilig gehalten.

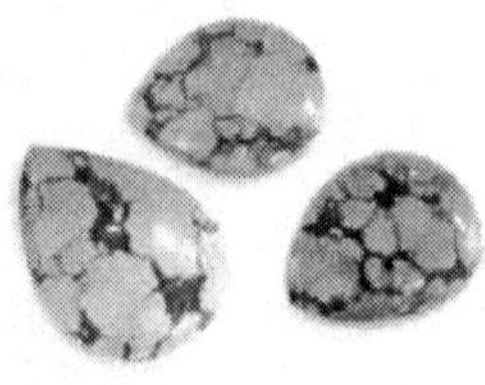

Material:	wasserhaltiges Kupfer-Aluminiumphosphat
Härte:	um 6
Farbe:	himmelblau bis blaugrün
Fundorte:	USA, Iran, Mexiko

Die Steine ohne Matrixeinlagerungen sind die Teuersten!

Der Türkis ist der Stein der Reiter und der Reisenden. Er symbolisiert das schönste Blau des Himmels und zieht Glück auf seinen Träger. Er wird oft in Silber gefasst getragen, vor allem von den Indianern. Aber in Gold gefasst, ist er wirkkräftiger. Ein richtig guter Glücksstein für Kinder, um sie vor Gefahren und schlechten Einflüssen zu schützen. Und auch im späteren Leben bewirkt er viele Vorteile für seinen Träger. Er zieht erfreuliche Lebensumstände an und bringt ein angenehmes psychisches Gleichgewicht, das es einem auch in schwierigen Lebenslagen und Umgebungen ermöglicht, gut und zufrieden zu leben.

Achtung, der Edelstein ist nicht sehr hart und kann daher leicht zerkratzen. Nur mit warmen Wasser reinigen. Selbst Haushaltsreiniger können dem Stein schaden.

SAPHIR

Nach ganz alten Dokumenten schenkt der Saphir Treue, Klugheit und Vernunft. Er verleiht Ihnen Unschuld, ruhige Nerven und Konzentration. In der Liebe schützt er die Partnerschaft und die Ehe im besonderen und bewahrt vor Untreue und Falschheit.

Material:	Aluminium Oxide
Härte:	9
Farbe:	blau, rot, orange, grün gelb, rosa, hellgelb, hellblau, dunkelblau, purpurfarben
Fundorte:	Australien, Kambodscha, Burma, Thailand, Sri Lanka, Tansania und Montana in USA

Der Saphir mit kräftiger blauer Farbe ist der stärkste Jupiter Glückstein. Er bringt Ihnen gehäuft die Wohltaten des Jupiters: pures Glück, Protektion, glückliche Zufälle und ein angenehmes Leben.

Er ermöglicht eine glanzvolle Karriere, einen kometenhaften Aufstieg und ist für Kaufleute unabdingbar wichtig, wollen Sie Erfolg in Ihren Geschäften haben und von Missgeschick verschont bleiben.

Der blaue Saphir ist der Stein des Glücks, der Protektion und des angenehmen Lebens. Die oberen Zehntausend haben genau diese Aspekte. Egal welche Farbe sie wählen, wenn Ihre Venus oder Ihr Jupiter gut stehen und Sie diesen Glücksstein in hellen Farben für die Venus oder im satten Blau für den Jupiter in Gold gefasst am Ringfinger links oder rechts tragen, werden Sie sehr viel Glück in der Liebe haben. Eingeschlossen und garantiert sind auch angenehme finanzielle Lebensverhältnisse.

Steinbock
22. Dezember bis 20. Januar

Farben:	**dunkles grün bis schwarz**
Planet:	**Saturn**
Glückssteine:	**Malachit, Moosachat, Onyx, schwarzer, grüner und roter Turmalin**

Malachit

Der Malachit war im alten Ägypten ein wichtiger Glücksstein. Er schenkt Glück und Harmonie in der Partnerschaft. Bei Frauen wirkt er besonders kräftig. Er macht den Träger erotisch anziehend, deswegen wurde im Altertum Malachitstaub zum Schminken der Augen benutzt.

Material:	wasserhaltiges Kupferkarbonat
Härte:	4
Farbe:	grün – schwarzgrün
Fundorte:	Afrika, Deutschland (Saalfeld), GUS-Staaten

Er wirkt inspirierend und befreit von Faulheit und nimmt Depressionen. Der Malachit stärkt Ihre Vorstellungskraft, weckt Erinnerungen und macht Träume plastisch. Der Malachit rückt die andere „Seite“, das Jenseits, stärker ins Bewusstsein, er stärkt aber auch die ganz reale Auffassungsgabe der materiellen Welt! Er steigert Ihre Konfliktfähigkeit, weil Sie nicht mehr so stark an den Notwendigkeiten hängen und weckt Verständnis für Ihr Umfeld. Er hilft, sich in andere Menschen zu projizieren, um diese besser zu verstehen. Er vermindert Menstruationsbeschwerden, erleichtert die Geburt und steigert die Fruchtbarkeit. Legen Sie den Malachit über Nacht in Wasser und tupfen Sie Ihre Augenlieder mit dem Wasser am Morgen ab. Das kräftigt Ihre Sehnerven.

Achtung, der Edelstein ist nicht sehr hart und kann daher leicht zerkratzen. Nur mit warmen Wasser reinigen. Selbst Haushaltsreiniger und Kosmetika können dem Stein schaden.

TURMALINE

TURMALIN: ROT, GRÜN

Im Turmalin vereinen sich starke Kräfte der Natur. Er ist ein Saturnstein und bringt seinen Trägern großen materiellen Erfolg, sofern Sie den Saturn im Geburtshoroskop gut stehen haben.

Material: Sodium-Lithium-Aluminium-Boro-Silicate-Hydroide

Härte: 2,5 – 7

Farbe: rot – grün, blau, schwarz

Fundorte: Brasilien, Mexiko, Nigeria, Pakistan und Afrika

Er hilft auch gegen Schwermut und große Sorgen. Er hilft seinem Träger, die Wahrheit zu finden und gibt Kraft, den Partner in guten wie in schlechten Zeiten zu lieben. Er ist der Glücksstein für dauerhafte Liebe und Treue.

TURMALIN: SCHWARZ

Der schwarze Turmalin ist der Stein für Topverkäufer.

.

Material: Sodium-Lithium-Aluminium-Boro-Silicate-Hydroide

Härte: 2,5 bis 7

Farbe: rot-grün, blau, schwarz

Fundorte: Brasilien, Mexiko, Nigeria und Pakistan

Er ist dem Saturn zugeordnet, wie alle schwarzen Steine. Er gibt dem Träger mehr Selbstvertrauen und Durchhaltevermögen. Er wirkt wie ein Blitzableiter bei seelischen Konfrontationen. Er wirkt reinigend auf unser Umfeld ein, vermag es, positive Energie zu sammeln. Der schwarze Turmalin ist der ideale Schutzstein gegen die Wirkungen der schwarzen Magie und Zauberei.

ONYX

Der Onyx ist ein Saturnstein und besonders für den Steinbock ein besonderer Schutzstein, welcher alle schlechten Einflüsse vom Träger fernhält.

Material:	Quarz, Gruppe Achate, schwarzer Chalzedon
Härte:	7
Farbe:	schwarz, ist aber oft gebeizt
Fundorte:	Idar Oberstein; weltweit

Der Onyx zieht wahre Freunde an und schafft Situationen, in denen sich falsche Freunde schnell entlarven. Er schützt auch vor Erdstrahlen. Der Onyx ist der Stein der Geschäftsleute, die viel mit Kunden zu tun haben. Er hilft bei Verträgen und fördert Kaufabschlüsse.

Aufpassen: Licht kann dem Stein schaden und die Farbe ausbleichen.

Wassermann
21. Januar bis 19. Februar

Farben:	**ganz helles Blau und sehr dunkles Blau**
Planet:	**Uranus**
Glückssteine:	**Aquamarin, Labradorit**

Aquamarin

Wirkt gut bei nervlichen Problemen und Unruhe (Zappelphilipp).

Material:	Aluminium-Silicate
Härte:	7,5 - 8
Farbe:	hellblau, dunkelblau
Fundorte:	Afrika, Brasilien, Madagaskar

Auch günstig, wenn man zum Verzetteln neigt. Gut gegen Depressionen, Stimmungsschwankungen, mobilisiert das Selbstvertrauen, lässt das Wesentliche schnell erkennen und fördert den Weitblick. Er wirkt auch gesundheitlich bei Störungen des Stoffwechsels und wirkt günstig bei Atemwegserkrankungen und bei Augenproblemen, vor allem Bindehautentzündung

Achtung: Reinigen Sie den Edelstein nur im handwarmen Wasser. Ultraschall und UV-Licht können zu Farbveränderungen führen, genauso wie Wärme ab 100°C.

LABRADORIT

Sie fühlen sich eingeengt und unfrei? Ihr Leben wird zuviel fremdbestimmt? Der Labradorit hilft Ihnen, Ihren eigenen Stil zu finden und gegebenenfalls aus dem persönlichen Gefängnis auszubrechen.

Material:	Gruppe Feldspat
Härte:	6
Farbe:	rauchgrau bis dunkelgrau mit Stahl oder kobaltblauem Schimmer
Fundorte:	Australien, Brasilien; bester Fundort ist Madagaskar

Der Labradorit schimmert grün, blau und golden im Sonnenlicht. Sobald direktes Licht auf den Edelstein fällt, schillert er in verschiedenen Farben, je nachdem, aus welchem Winkel das Licht kommt. Die facettierten Röhren verstärken diesen Effekt. Bei jeder Bewegung blitzt es an einer anderen Stelle, in Grün, Beige, Blau oder Türkis, auf. Der Stein wirkt wie ein Feuerwerk und das Gefühl beim Tragen des Steines ist ähnlich, man fühlt sich frei und ungebunden. Typisch Wassermann eben.

Medizinisch soll Labradorit das Immunsystem stabilisieren.

Nicht im Ultraschallbad reinigen! Sehr empfindlich! Nur im warmen Wasser reinigen.

Fische
20. Februar - 20. März

Farben: violett und opalisierende Farben

Planet: Neptun

Glückssteine: Amethyst, Chrysokoll, alle Opale

Amethyst

Sie wollen mehr Power und mehr Energie? Dann müssen Sie Lebenskraft einsparen. Das ist nicht einfach, aber der Amethyst hilft Ihnen dabei enorm.

Material:	Silicon-Dioxide
Härte:	7
Farbe:	violett
Fundorte:	Afrika, Australien, Bolivien, Brasilien, Uruguay, Zambia

Der Edelstein wirkt beruhigend auf Herz und Kreislauf. Vor allem aber wirkt der Amethyst bei nervlichen Problemen, Prüfungsängsten und seelischem Stress. Er vermittelt ein seelisches Gleichgewicht, hält also intensive Gefühlswallungen zurück, hilft Alkohol- oder Drogenabhängigen „clean" zu bleiben. Kann auch bei Migräne und Kopfschmerzen gute Ergebnisse bringen. Er soll aber auch Heimweh vertreiben, furchtlos machen und Trauer überwinden helfen. Für alle, die hellwach bleiben müssen, leistet er gute Dienste. Er ist auch ein Stein der Liebenden, die sich der Treue versichern, in dem sie beide einen Amethyst an der selben Stelle tragen.

Auf der ganzen Welt tragen Geistliche und Mönche den Amethyst, um gegen die Anfechtungen der Sexualität immun zu bleiben, denn er soll keusch machen. Besonders, wenn man ihn am Mittelfinger auf der linken Seite trägt. Auf der rechten Seite tragen ihn oft die katholischen Bischöfe. Es heißt in der geistigen Welt: „Wer keusch bleiben kann, kann jedes materielle Ziel leicht erreichen und er kann auch die geistige Welt für sich gewinnen". Und da die weltlichen Ziele für die zurückgehaltenen Kräfte meist zu klein sind, konzentriert man sich auch ganz und gar auf die Eroberung der geistigen Welt.

OPAL

Der Stein, um in den Medien zu glänzen und angenehm aufzufallen. Der Glücksstein für alle, die in der Filmbranche groß werden wollen oder im TV, im Pressebereich oder im Radio, Bedeutendes sagen wollen.

Material:	Silicon-Dioxide
Härte:	5,5 bis 6,5
Farbe:	farblos, weiß, gelb, orange, rot, grüne, blau, braun, grau und schwarz
Fundorte:	Australien, Brasilien, Mexiko, Nevada und Honduras

Wenn Sie Erfolg in der Öffentlichkeit wollen, dann ist er Stein der ersten Wahl. Er gilt als Muntermacher, wirkt exzellent gegen Depressionen und Ängste. Der Opal gibt intuitiv Spontaneität, lindert problematische Herzbeschwerden, weckt den Wusch nach Abwechslung, macht empfänglich für Poesie, Musik und Kunst. Er schafft das Umfeld, um Kunst und Kreativität intuitiv zu erkennen und zu genießen. Er ist der Stein der uns die wichtigen Dinge des Lebens eindringlich widerspiegeln kann. Für alle Schauspieler/-innen, Moderatoren/-innen, Sänger/-innen, Musiker/-innen und Entertainer/-innen, ist er ein äußerst hilfreicher Stein, weil er keine Verlegenheit kennt. Man ist praktisch gegen jede Situation gewappnet und vor Blamagen gefeit.

CHRYSOKOLL

Sie haben zuviel Ärger und Stress? Tragen sie den Chrysokoll!

Material:	wasserhaltiges Kupfersilikat
Härte:	2 - 4
Farbe:	grünblau mit verschiedenen Farbeinlagerungen
Fundorte:	Brasilien, Arizona, Mexiko

Sie wollen in Urlaub fahren und möglichst keine Störungen mitnehmen und während des Urlaubs richtig entspannen? Der Edelstein Chrysokoll ist der beste Glücksstein, der uns den wichtigen Abstand vom Alltag und die Toleranz für unser Umfeld bringt! Er weckt die Intuition und verstärkt unsere geistige Wahrnehmung für die ganz persönlichen Dinge des Lebens.

Tragen Sie ihn da, wo er am stärksten wirkt.

Wenn Ihr Fischzeichen im zweiten Feld des Horoskops zu finden ist, wirkt die Venus als Herrscherin des zweiten Hauses und Sie tragen den Chrysokoll am besten am linken Ringfinger. Sie können ihn aber auch da tragen, wo der Neptun in Ihrem Horoskop steht. Steht der Neptun im Jungfrauzeichen, so können Sie den Chrysokoll am kleinen Finger tragen. Je nachdem, auf welcher Seite der Neptun in Ihrem Horoskop steht.

Der Chrysokoll ist apfelgrün bis blaugrün, teils mit Einschlüssen. Als weitere wichtige Eigenschaften werden ihm nachgesagt, dass er das Fieber senkt und bei starkem Stress beruhigt.

Achtung: der Edelstein ist nicht sehr hart und kann daher leicht zerkratzen. Nur mit warmen Wasser reinigen. Selbst Haushaltsreiniger können dem Stein schaden.

Wie finden Sie Ihren ganz persönlichen Glücksstein??

Sie brauchen dazu nur ein Radix, ein Bild Ihres Geburtshoroskopes. Wenn Sie ein solches Abbild der Sterne haben, dann ist die Sache schon wesentlich einfacher. Falls Sie kein Radix zur Hand haben, auch kein Problem, jeder Astrologe druckt Ihnen gegen eine kleine Gebühr ein solches gerne aus.

Sie können Ihren Glücksstein nach dem Sonnenstand wählen, das ist die einfachste Methode, aber Sie können auch Ihre besten Strukturen im Horoskop mit einem Glücksstein verstärken. Das mache ich persönlich bei meinen Kunden, da dies die effektivste Methode ist, einen Glücksstein zu wählen.

Man sucht die besten und genauesten Aspekte der Planeten im Radix und beachtet auch die Häuser, in denen die Planeten stehen.

Will man mehr Glück in den Finanzen, sollte man schauen, ob Planeten im zweiten Haus stehen und falls nicht, muss man den Planetenherrscher des zweiten Hauses suchen. Steht in Ihrem Horoskop das Sternzeichen Waage an der Spitze des zweiten Hauses, müssen Sie nach der Venus suchen. Steht das Zeichen Löwe an der Spitze des zweiten Hauses, müssen Sie nach der Sonne suchen.

Oder steht das Zeichen Zwillinge an der Spitze des zweiten Hauses, müssen Sie nach dem Merkur suchen. Ich hoffe, Sie haben damit das Grundprinzip verstanden. Die Planetenherrscher der Sternzeichen sind alle unter den Rubriken „Häuser" beschrieben.

Haben Sie den Planetenherrscher gefunden, beachten Sie bitte, auf welcher Horoskopseite der Planet steht (links oder rechts) und achten Sie darauf, in welchem Sternzeichen er steht. Und jetzt kommt das Wichtigste: zu welchen Planeten in Ihrem Horoskop unterhält er Aspekte? Das sind Quadrate, Sextile, Trigone etc.

Natürlich sollten Sie nur die Planetenverbindungen mit Sextilen oder Trigonen wählen und am besten diejenigen, die genau sind und die aus starken Häusern kommen.

Wollen Sie Ihre Karriere ankurbeln, dann sollten Sie nach Planetenaspekten, die aus dem zehnten Haus kommen, achten, oder eben von Aspekten, die vom Planetenherrscher des zehnten Hauses kommen. Wenn Sie Ihre Partnerschaft festigen wollen oder eine Partnerschaft wünschen, dann sollten Sie nach dem siebten Haus und seinem Herrscher schauen oder eben nach Planeten, die in Ihrem siebten Haus stehen. Für Gesundheit gilt das sechste Haus, für das persönliche Ansehen das erste Haus, für Schule und Studium oder Reisen das neunte Haus. Wollen sie eine Freundschaft festigen, gilt das elfte Haus, oder Ihre Kreativität steigern das fünfte Haus. Bei Frauen ist das fünfte Haus auch noch wichtig, um schwanger zu werden.

Sucht man Erfolg im Partnerbereich, muss man das siebte Haus beachten, die Planeten im siebten Haus mit Edelsteinen verstärken oder falls keine Planeten im siebten Haus (Partnerhaus) stehen, den Herrscher des siebten Hauses im Radix suchen. Wenn Sie ihn gefunden haben, beachten Sie die Aspekte, die er von anderen Planeten erhält. Ist Ihr siebtes Haus im Zeichen Jungfrau, dann müssen Sie den Merkur im Horoskop suchen und hat dieser zum Beispiel ein Trigon oder Sextil mit der Sonne, so sollten Sie einen Diamanten am kleinen Finger tragen. Steht der Merkur auf der rechten Horoskophälfte, so tragen Sie den Glücksstein auch am rechten kleinen Finger. Steht er links, dann tragen Sie den Diamanten auf der linken Seite am kleinen Finger. Natürlich können Sie auch die anderen angegebenen Steine der Sonne nehmen, Bergkristall, weißer Topas oder Magnesit geht auch.

Wollen Sie beruflichen Erfolg, so suchen Sie Planeten, die im zehnten Haus stehen oder eben den Herrscher des zehnten Hauses und verstärken Sie seine Wirkungen durch die Planeten, die ihm gut gesonnen sind.

Also, nochmals genauer: Der Glücksstein wird vom Planeten des Horoskophauses bestimmt, dass Sie verstärken wollen. Der Ort, wo Sie ihn tragen, hängt vom Planetenherrscher des Zeichens ab, in dem er steht.

Eine weitere Verstärkung sollte noch unbedingt von dem Planeten erfolgen, die ihm ein Trigon oder ein Sextil zuwerfen.

Ein weiteres Beispiel: Der Besitzer eines Horoskops mit der Häuserspitze Jungfrau im zehnten Haus (Sie müssen immer von der ersten Häuserspitze ausgehen, denn es können auch zwei Häuser gleichzeitig in einem Haus präsent sein), will seine berufliche Laufbahn mit einem Glücksstein verbessern. In seinem Horoskop steht kein Planet im zehnten Haus. Der Herrscher des Zeichens Jungfrau im zehnten Häuserfeld steht im zweiten Haus im Zeichen Steinbock und hat ein Trigon mit Mars im sechsten Haus, im Zeichen Stier.

Die Glücksstein-Suche verläuft so: Sie brauchen einen Merkurstein, das sollte ein Beryll sein. Der Ort, wo er getragen wird, wird vom Planetenherrscher des Hauses bestimmt, in dem er steht. Das ist das Zeichen Steinbock und der beste Finger dafür ist der Mittelfinger. Weil der betreffende Planet im zweiten Haus im Radix steht, tragen Sie den Glücksstein auf der linken Seite.

Meine Empfehlung würde in diesem Falle lauten: Tragen Sie einen Beryll am Mittelfinger links und einen Rubin am Ringfinger rechts.

Die Planetenherrscher und die Glücksteine der 12 Häuser

1. Haus: Mars = Rubin, roter Spinel, Jaspis, Karneol

Bester Platz zu tragen:	Am Ohr als Ohrring, Piercing im Kopfbereich und Ringfinger rechts
Beste Metallfassung:	Titan, Gold und Rotgold

2. Haus: Venus = alle farbigen Saphire und Diamanten

Bester Platz zu tragen:	Ringfinger links
Bestes Metallfassung:	Gold und Rotgold

3. Haus: Merkur = alle Berylle, Citrin, Bernstein, Goldtopas

Bester Platz zu tragen:	kleiner Finger, linkes und rechtes Handgelenk
Beste Metallfassung:	Magnesium und Gold

4. Haus: Mond = Mondstein, Opal, Perlen, Peridot

Bester Platz zu tragen:	Bauchnabel und linker Ringfinger
Beste Metallfassung:	Silber, Weißgold

5. Haus: Sonne = Bergkristall, weißer Edeltopas, Diamant, Magnesit

Bester Platz zu tragen:	Daumen und Ringfinger links und rechts
Beste Metallfassung:	Gold in jeder Farbe und möglichst rein

6. Haus: Merkur = Beryll, Tigerauge, Citrin, Goldtopas, Chalzedon

Bester Platz zu tragen:	als kurze Halskette um den Hals, kleiner Finger links und rechts
Beste Metallfassung:	Silber, Gold und Weißgold

7. Haus: Venus = farbige Saphire, Diamanten (auch dunklere Tönungen)

Bester Platz zu tragen: Ringfinger rechts

Beste Metallfassung: Gold und Rotgold

8. Haus: Pluto = Granat, Karneol, Hämatit, rote Opale, alle dunkelroten Steine

Bester Platz zu tragen: Ringfinger rechts, am Ohr als Ohrring rechts

Beste Metallfassung: Platin und Gold

9. Haus: Jupiter = blauer Saphir, Lapislazuli, Türkis, blauer Edeltopas

Bester Platz zu tragen: Ringfinger links und rechts, Handgelenk links

Beste Metallfassung: Zinn und Gold

10. Haus: Saturn = Malachit, Moosachat, Onyx, schwarzer, grüner und roter Turmalin

Bester Platz zu tragen: Mittelfinger links und rechts, Handgelenk rechts

Beste Metallfassung: mit Silber überzogenes Blei und Gold

11. Haus: Uranus = Aquamarin

Bester Platz zu tragen: Ringfinger links und rechts, an beiden unteren Fußgelenken oberhalb der Knöchel

Beste Metallfassung: Wolfram und Gold

12. Haus: Neptun = Amethyst

Bester Platz zu tragen: Ringfinger links und rechts, an den Füßen

Beste Metallfassung: Massives Aluminium und Gold

Für alle Glückssteine gilt: Je reiner das Metall ist, desto besser!

Auch Metalle sind wichtig

Gute Aspekte, also Trigone, Konjunktionen und Sextile können Sie verstärken, indem Sie zu dieser Zeit folgende Metalle zu den Glückssteinen (oder auch „solo“) tragen:

Sonne = Gold

Mond = Silber

Merkur = Magnesium

Venus = Kupfer

Mars = Titan oder einfach Eisen

Jupiter = Zinn

Saturn = Blei
(am besten vergoldet oder versilbert)

Uranus = Wolfram

Neptun = Aluminium

Pluto = Platin

Um die Methode der Feststellung von Glückssteinen genauer zu erläutern, nehme ich einfach mal das Geburtshoroskop von Elvis Presley

Er wäre im Moment gute 68 Jahre alt. Er wurde am 8.1.1935 um 4.35 Uhr in USA/Tupelo geboren. Nach meiner Ansicht hat er seine Gesundheit durch Medikamentenmissbrauch ruiniert. Mit geeigneten Glückssteinen, wäre dem Drang nach immer mehr Betäubung, sicher ein wirksamer Riegel vorgeschoben worden. Natürlich gehört in einem solchen Fall eine umfassendere Einwirkung auf die Umgebung dazu. Der Mars, ein Mitherrscher seines vierten Hauses, greift im Radix seine Sonne an. Da ergibt sich allzu schnell eine unheilvolle Kettenreaktion. Mit dieser Marsspannung hat Elvis seine Umgebung unter starken Druck gesetzt, seinen Wünschen nachzukommen. Und es war für die Menschen in seinem Umfeld, einschließlich seines Leibarztes, sicher nicht einfach, mit dem Rockstar auszukommen. Wir kennen ja von vielen Promis, die mit ihrem Ruhm nicht zurechtkommen, exaltiertes Verhalten und zickenhaftes Benehmen. Dass er allzu leicht an Drogen gekommen ist, war für sein Schicksal verhängnisvoll.

Was hat zu seinem Erfolg geführt?

Seine Sonne und sein Merkur stehen im Trigon zu Neptun. Seine Venus im Geldhaus hat ein Trigon an der Spitze des zehnten Hauses. Pluto und Mondknoten befinden sich im Sextil zur zehnten Hausspitze.

Sein Jupiter hat ein Sextil zur Venus ins zweite Haus. Der Erfolg war somit nicht zu verhindern.

Hatte er ein glückliches Liebesleben?

Sicher hat er sich oft und viel vergnügt. Seine Radix-Venus hat ein Quadrat zum Radix-Uranus und zum Glückspunkt. Das bringt zahllose Affären in der Jugend, auch der angegriffene Mars weist darauf hin, dass er sexuell nie genug bekommen konnte. Diejenigen, die er geliebt hat, haben ihn tief enttäuscht. Aber er war unfähig, echte Liebe zu empfinden, deswegen gab es auch keine Möglichkeit für ihn, in diesem Bereich glücklich zu werden.

Was hat zu seinem Tod geführt?

In erster Linie natürlich sein zügelloses Verhalten. Sein Radix-Mars steht im zehnten Haus im Quadrat zu seiner Sonne und Merkur. Das bedeutet, er hat nie besonders viel Rücksicht auf seinen Körper genommen, wenn es um Exzesse und Vergnügungen ging. Auch Jupiter im zwölften Haus, im Quadrat zu Lilith, zeigt ein verhängnisvolles Verhalten in bezug auf Drogen und Arzneimittel an. Durch zahllose Affären, innerlich und äußerlich ausgebrannt, war es nur eine Frage der Zeit, bis der Zusammenbruch kam.

Meine Glücksstein Empfehlung für Elvis Presley wäre ein Amethyst am kleinen Finger rechts in Gold gewesen, da sein Neptun im Zeichen Jungfrau stand. Der Herrscher von Jungfrau ist der Merkur und der wirkt über den kleinen Finger am stärksten. Außerdem steht der Neptun auf der rechten Seite seines Horoskops. Ein Stein, der gegen seine Drogensucht gewirkt hätte und ihm noch ein viel größeres Einkommen beschert hätte.

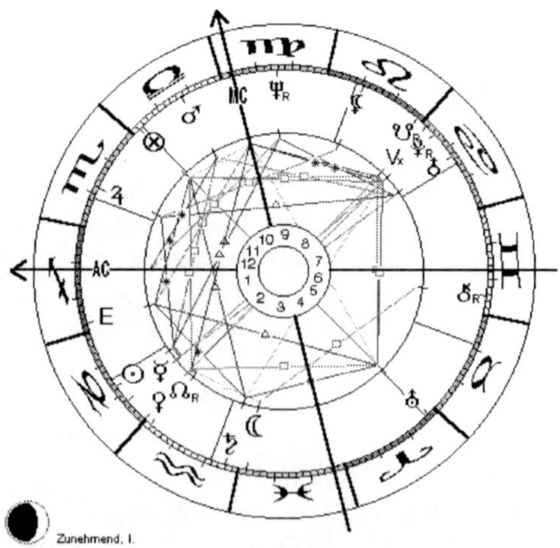

Der zweite wichtige Glücksstein wäre ein blauer Saphir gewesen. Ich hätte ihm empfohlen, den Edelstein am Mittelfinger links in Gold zu tragen. Und das deswegen, weil der Jupiter im Zeichen Skorpion ein Sextil zu seiner Sonne im Zeichen Steinbock hat. Jupiter und Saturn stehen auf der linken Seite in seinem Horoskop, deswegen muss er den Stein für die bessere Wirkung auf der linken Körperseite tragen. Der Saphir, es hätte auch ein Türkis oder Lapislazuli sein können, hätte sein ruheloses Verhalten normalisiert und seine Psyche stabilisiert. Ein weiterer wichtiger Edelstein für seine Gesundheit, wäre der Aquamarin auf der rechten Seite seines Körpers gewesen. Der Aquamarin wäre besonders wirksam am Mittelfinger wegen der Saturnwirkung oder als Ohrring auf der rechten Körperseite, weil der Uranus im Zeichen Widder in seinem Geburtshoroskop auf der rechten Horoskophälfte steht. Uranus wirkt in seinem Horoskop stark, weil er ein Sextil zu seinem Geburtsherrscher Saturn wirft.

Legen Sie Ihre Horoskop-Radix Zeichnung einfach vor sich hin, falls Sie eine zur Hand haben. Da sehen Sie einen Kreis mit 12 Unterteilungen.

Die wichtigsten Stellen für die Glückssteine sind folgende Häuser

Links ist der Aszendent, eine ganz wichtige Stelle! Wenn Sie sich persönlich stärken wollen, rechts das siebte Haus, das betrifft die Partnerschaft und unten das vierte Haus, das symbolisiert das eigene Zuhause, den Grundbesitz und die Erfolgsaussichten zur Selbständigkeit und oben ist das zehnte Haus. Aus der Besetzung mit Planeten und deren Aspekten erkennen Sie schnell, wie erfolgreich Sie im Leben werden können.

Der große Pfeil, der von unten nach oben geht, teilt das Horoskop in eine linke und rechte Seite. Die linke Seite ist mehr „Ich" bezogen, dass heißt ein Glücksstein auf der linken Körperseite wirkt mehr auf die eigene Persönlichkeit. Und die rechte Seite ist in ihrer Wirkung mehr auf das „Du" bezogen. Hier wirkt der Edelstein mehr auf die Dinge, die wir tun, auf unser Umfeld ein. Wenn Sie Ihren Glücksstein links oder rechts an der Hand tragen, ist das nicht egal, sondern hat seine ganz spezifische Wirkung.

Natürlich sind alle Häuser wichtig. Es kommt bei der Glückssteinbestimmung einfach darauf an, dass wir die Häuser und Planetenverbindungen wählen, die in unserem Horoskop optimal sind!

Die stärkste Kraft im Horoskop ist die Sonne

Die Sonne entspricht dem Geist, dem fünften Haus und dem Zeichen Löwe. Unsere Persönlichkeit hängt vom Stand der Sonne im Horoskop ab. Steht sie gut, so wird unser Leben auch sehr angenehm verlaufen. Die Sonne entspricht dem Zentrum, Licht, dem Geist, unserem Wesenskern. Ist sie mit Quadraten, schlechten Konjunktionen oder mit Oppositionen belastet, dann bedeutet dies eine harte Auseinandersetzung mit dem Schicksal. Vor allem Saturnaspekte belasten die Lebensqualität stark. Während Marseinflüsse aggressiv und unberechenbar machen. Schauen Sie Ihr Horoskop genau an, wenn die Sonne nicht verletzt ist und gute Aspekte mit Saturn aufweist, dann ist der materielle Lebenserfolg eine Gewissheit.

Die zweite wichtige Kraft ist der Mond

Der Mond regiert die Psyche. Er entspricht dem vierten Haus und dem Zeichen Krebs. Der Mond regiert die Nacht, wenn wir schlecht schlafen, so will er uns eine Lektion erteilen. Jeder Energieverlust im psychischen und Gefühlsbereich, macht den Astralkörper schwach und macht uns empfänglich für die schlechten Astraleinflüsse. Der Mond entspricht der Seele, der Nacht, dem Traum, dem

Astralen Bereich. Flüssigkeiten werden vom Mond beherrscht. Dieser Bereich wird eine extreme Bedeutung bekommen, wenn es uns gelingt unser Bewusstsein im Traum aufrecht zu erhalten. Dann gewinnt die geistige Wirklichkeit an Bedeutung und Einfluss und das Karma erlischt nach und nach. Damit überflügelt die Mondkonstellation den Sonneneinfluss erheblich an Bedeutung, wenn die Schwelle überschritten wurde. Ansonsten herrschen die solaren Einflüsse weiter vor.

Im Wassermannszeitalter wird der Verstand immer wichtiger. Der Glaube, der noch im Fischezeitalter vorherrschte und nur allzu oft „blind" war, verliert in der heutigen Zeit immer mehr an Bedeutung. Merkur beherrscht unseren Verstand, er entspricht dem sechsten Haus und dem Zeichen Jungfrau. Er ist auch für den Verkehr, für Geschäfte, für Kommunikation, Telefon, Kreuzungen und Wege verantwortlich. Wenn der Merkur im Radix angegriffen steht, dann macht er uns geschwätzig, neidisch und nachtragend. Die meisten Probleme der Welt, kommen von diesen Konstellationen. Deswegen ist es wichtig, zu erkennen, wo die eigenen Fehler liegen und wie sie zu beheben sind. Ein passender Partner, die ausgleichende Umgebung, ja schon ein richtig gewählter Glücksstein am richtigen Finger können das Leben entscheidend verbessern. Nichts ist so wichtig in der heutigen Welt, wie die Erkenntnis der augenblicklichen Möglichkeiten. Und die können Sie vom Merkurstand in Ihrem Geburtshoroskop ablesen. Der laufende Transit-Merkur dagegen verrät die Erfolgsaussichten der augenblicklichen Kontakt-Möglichkeiten

Power

Wenn es um Power geht, um pure Lebenskraft, dann müssen wir im Horoskop den Mars suchen. Wo und in welchen Haus er steht, ist auch schon wichtig. Dazu kommen noch die Konstellationen mit den anderen Planeten. Quadrate und Konjunktionen wirken in der Regel belebend und vermitteln viel zu viel Power. Sie sind auf Dauer zu belastend, durch Unbeherrschtheit, Unfallgefahr und Streitlust. Trigone und Sextile zum Mars vermitteln viel positive Energie, die auch bei großen Projekten und Zielen nicht erlahmt und die ganz natürlich den Erfolg im Leben bringt. Das gilt vor allem bei guten Mars-Saturn-Einflüssen. Wird die Sonne vom Mars gut angestrahlt, so ergibt das in der Regel Hochleistungssportler! Der Mars symbolisiert unseren Antrieb, unsere Lebensenergie. Er entspricht dem ersten Haus und dem Zeichen Widder. Mars regiert auch unsere Sexualität und damit unsere Lebenskraft. Eisen, Stahl, Widerstand, Kampf, Krieg und Energie entsprechen dem Mars. Kein Wunder, dass also Militär- und Polizeiangehörige in der Regel starke Marsaspekte haben, meistens sogar sehr spannungsvolle Mars-Einflüsse. Denn diese machen den Menschen sehr risikobereit! Das gilt für alle gefährlichen Berufe. Man muss nur das Horoskop von Michael Schumacher anschauen, da sieht man ganz klar, - der Mann hat keine Angst und das ist letztlich auch sein (Lebens-) Problem. Er wird in gar nicht so langer Zeit eine reiche Witwe hinterlassen. Ganz anders ist das Horoskop von seinem Bruder Ralf. Der mag die Show, aber wenn es um die Wurst geht, hat er Angst und das ist seiner Gesundheit eher förderlich. Ich hoffe schon sehr, dass diese Ängstlichkeit weiter bei ihm bleibt, sie ist seine beste Lebensversicherung. Geld verdienen wird er trotzdem genug.

Eigentlich müsste jetzt alles klar sein, wie Sie die Glückssteine ausrechnen!

Aber wenn Sie trotzdem damit nicht klar kommen oder eben einfach keine Fehler machen wollen: Schreiben Sie mir einfach Ihre Geburtsdaten. Ich rechne Ihnen dann Ihren Glücksstein aus und sage Ihnen natürlich auch noch, was er kostet und besorge Ihnen diesen wichtigen Glücksbringer.

Wenn Sie den Stein über die Firma Astromarketing oder die Firma Ploynumschok in Thailand kaufen, bekommen Sie die Gebühr von 25 Euro für das Ausrechnen erstattet. Die Verkaufsadressen finden Sie am Ende des Buches.

Mein Astrologieverständnis

Für mich ist die menschliche Wirklichkeit eng mit der geistigen Wirklichkeit verbunden. Im Grunde leben wir alle zwei Leben und können uns an die wichtige geistige Wirklichkeit meist nicht erinnern, weil unser feinstofflicher Körper zu schwach ist, um die Bewusstheit beim Übergang in den „Schlaf" zu tragen. Schlafen tun wir nur deswegen, weil wir das Bewusstsein nicht in die andere Wirklichkeit transportieren können. Der Astralkörper ist bei vielen Leuten zu schwach dafür. Der Körper muss natürlich schlafen, aber unser Bewusstsein braucht in Wahrheit keinen Schlaf.

Die Sterneneinflüsse sind auch dual in ihrem Wirken, wobei die rein materiellen Einflüsse hier auf der Erde überwiegen, bis es uns gelungen ist, dem Joch der Materie durch Wiedergeburt zu entkommen. Dass die Wiedergeburt nicht einfach mit Wasser aufs Haupt gießen zu tun hat, dürfte jedem einleuchten. Falls nicht, lesen Sie die nächsten Zeilen.

Die Naturkräfte entstehen aus dem geistigen Bereich und werden, wenn sie immer mehr an Kraft verlieren, langsamer und träger, bis sie in der Materie kristallisiert zum Stillstand kommen und wieder den Kreislauf nach oben antreten. Es sind einfach Kräfte, mit denen wird zu tun haben und deren Einfluss wir unterworfen sind. Wir unterliegen diesen Kräften, bis wir uns befreit haben. Und unter Befreiung verstehe ich, dass unser Bewusstsein unabhängig vom grobstofflichen Körper geworden ist. Die Initiation ist der Schlüssel dazu. Wir müssen dem Vorgang wie beim normalen Sterben einleiten und aus eigener Kraft und vollem Bewusstsein nach diesem Ausflug in die Unendlichkeit in den Körper zurückkehren. Selbstverständlich sollte die Initiation erst dann unternommen werden, wenn die Ablösung (Weißung) weit genug vorangeschritten ist und das Risiko eines Scheiterns gering geworden ist. Mehr Information über dieses Thema gibt es bei den Rosenkreuzern in Baden-Baden zu erfahren. Interessante Bücher: „Magie als Wissenschaft vom Ich" von Julius Evola (Erschienen im Ansata Verlag).

Der Horoskopkreis symbolisiert mit seinen 12 Feldern und Zeichen den Weg, den der Einzelne in diesem Leben beschreiten muss.

Die Beschreibung der 12 Horoskop-Häuser

1. Haus: Widder

Herrscher ist der Mars. Power, Persönlichkeit, engstes Umfeld des Lebens. Stehen hier Planeten, dann wirken sie besonders stark. Das gilt für Planeten im Radix und Transit gleichermaßen.

Wirkbereich für Glückssteine ist der Kopfbereich. Eine Halskette oder Ohrringe wirken im Kopfbereich besonders kräftig.

Widder besitzen durch ihren Ehrgeiz und ihre Kraft den Sinn für Erfolg und ein Gespür für das Geschäft. Sie sind begeisterungsfähig, zielstrebig, vital, abenteuerlustig und reisen gern. Sie haben einen starken Willen, und alles scheint für Sie möglich zu sein, so lange Sie es nur wollen. Meistens ist das aber nicht lange genug, um auch die Früchte Ihrer Arbeit zu ernten.

Element:	Feuer
Planet:	Mars, der Planet der Kraft
Farbe:	rot
Glückszahl:	9
Tag:	Dienstag
Metall:	Titan, Eisen, Rotgold
Glückssteine:	Rubin, roter Spinel
Pflanzen:	Alle wehrhaften und scharfen Pflanzen, vom Kaktus bis zur wilden Hecken-Rose. Aber auch Chili ist eine typische Marspflanze Auch alle roten Pflanzen oder roten Blüten sind Marsbetont.

1. Widder-Promihoroskop: Gerhard Schröder

Na endlich!! Gerhard Schröder kämpft!

Der Kanzler will sich in letzter Minute doch noch als Reformer präsentieren: Noch vor der Wahl soll die SPD beschließen, mit welchen Ideen der Hartz-Kommission sie den Arbeitsmarkt revolutionieren will.

Ja, dass ist schon die richtige Richtung. Der Erfolg muss wieder belohnt werden, nicht das schlaue Schmarotzertum! Und - eigene Leistung muss wieder den Rang bekommen, wie in den Zeiten des Wirtschaftswunders. Weg mit den Subventionen und anderen faulen Unternehmergeschenken, weg mit fragwürdigen Steuerbefreiungen! Wenn wirklich jeder 20% Steuer bezahlt, reicht das für alle Ausgaben die in Politikerhirnen vorkommen (auch die Kirchen und sonstige Steuerbefreite sollten sofort zur Kasse gebeten werden).

Er hat im Spätsommer-Herbst 2003 seine schwierigste Zeit.

Danach geht es wieder aufwärts mit ihm! Er wird noch jede Menge Glück haben, wenn er nicht vorzeitig aufgibt.

Sein Glücksstein für großen politischen Erfolg ist der Rubin am Ringfinger links in Gold.

GERHARD SCHRÖDER,
ALTER: 59,3 JAHRE
FR, 07.04.1944 12:00:00,
UNGENAUE ZEIT
HANNOVER, D,
009E 44' 00", 52N 24' 00"

2. Widder-Promihoroskop: Elton John

Die unsägliche Beleidigung des Pop Stars

Wie der „Sunday Mirror“ berichtete, hatten mehrere Foto-Journalisten vor der Tür von Schauspielerin Liz Hurley gewartet, als der britische Popsänger mit seinem Langzeit-Freund David Furnish dort zu Besuch auftauchte. John, der sich offen zu seiner Homosexualität bekennt, bezeichnete die Kameraleute zunächst als Abschaum, um dann der Fotografin Lucy George zuzuraunzen: „Ich hoffe, dass Du an Klitoris-Krebs stirbst“.

Keine Frage, er weiß, was so richtig weh tut. Elton John hat aus seinem Nähkästchen geplaudert. Und Elton John hatte gerade seinen Moralischen. Und Lucy George hatte nichts Männliches an sich, was Elton beruhigt hätte. Und so kam es, dass er ihr seine geheimen Wünsche offenbarte.

Sein Glücksstein für mehr Sensibilität ist: roter Turmalin am Mittelfinger rechts in Gold.

Dieser Glücksstein wirkt bei ihm auch sehr gut für die Karriere!

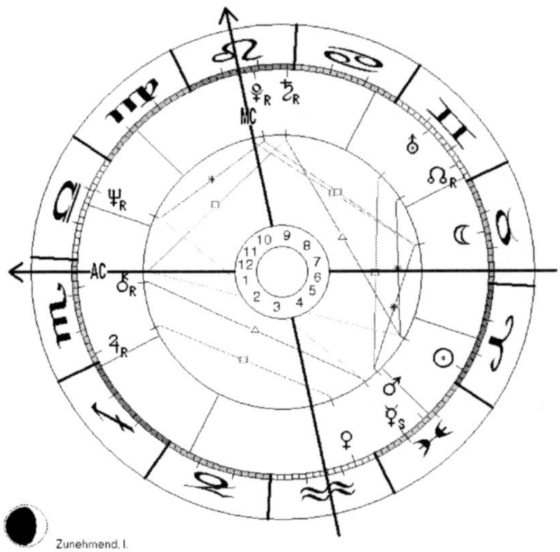

ELTON JOHN, ALTER:
56,3 JAHRE
DI, 25.03.1947 22:03:00,
GENAUE ZEIT
PINNER, GBE,
000W 23' 00", 51N 36' 00"
WET/S (1HE)

2. Haus: Stier

Herrscher ist die Venus. Lebenslust, Reichtum, Geld, Kunst aus materieller Sicht oder materiellen Gründen. Wenn wir reich geboren werden, ist das hier zu sehen oder wenn wir im Laufe des Lebens zu Geld kommen, auch.

Der intensive Wirkbereich für Glückssteine ist der Ringfinger und der Halsbereich mit relativ kurzen Halsketten.

Stiere haben die außergewöhnliche Fähigkeit, aus jeder Erfahrung zu lernen. Sie lassen sich niemals von einer Aufgabe abbringen, bevor sie nicht zu Ende geführt ist. Sie sind geduldig und ausdauernd. Das hat natürlich auch seinen Grund. Haben Sie schon mal versucht einen Apfel zu ernten, nachdem Sie den Baum erst kurze Zeit vorher gepflanzt haben? Ja, jedes Ding braucht seine Zeit und das wissen die Stiere von Geburt an. Man kann ruhig auch dazu sagen, Sie neigen zur Sturheit! Ja, weil Sie gar nicht anders können, als eins nach dem anderen zu tun. Sie wirken wie das Salz der Erde und sind auch oft mit einfachen Tätigkeiten zufrieden, aber Sie lassen es sich dabei gut gehen. Und wer Ihnen zu eilig oder zu schnell kommt, den blockieren Sie, oft mit voller Absicht! „Gut Ding braucht eben Weile“ oder anders ausgedrückt: Viel Zeit.

Sie haben eine Liebe zur Ordnung, die sich durch alle Bereiche Ihres Lebens zieht. Dabei sollten Sie jedoch aufpassen, nicht zu pingelig zu werden. Prinzipienreitererei ist eine Schwäche, der Sie widerstehen sollten.

Element:	Erde
Planet:	Venus, der Planet der Liebe und schönen Künste
Farbe:	grün, rosa, braun, hellblau
Glückszahl:	6
Tag:	Freitag
Metall:	Kupfer
Pflanzen:	Weinrebe, Apfelbaum, Feigenbaum
Blumen:	Lilie, Flieder, Mohnblume
Früchte:	Alle süßen Früchte sind der Stier-Venus zugeordnet.

1. Stier-Promihoroskop: Tony Blair

Datum 28.03.03: Blair in Erklärungsnot

Tony Blair muss sich aus seiner eigenen Bevölkerung Falschaussagen im Irak-Krieg vorhalten lassen. Die Schwester eines an der südirakischen Front getöteten britischen Soldaten wies seine Darstellung zurück, ihr Bruder sei von irakischen Soldaten exekutiert worden. Am Donnerstag hatte Blair die gefallenen Soldaten in Camp David, als „hingerichtete britische Soldaten“ bezeichnet. Die Iraker hätten eine „unvorstellbare Grausamkeit“ begangen.

Lügen über Lügen. Eine derart primitive Masche um die Kriegs- und Rachelust der Bevölkerung anzustacheln, ist schon sehr pervers! So was lebt mitten unter uns und bekleidet ein hohes politisches Amt! Nach meiner Meinung gehört er rasch weg von der politischen Bühne!

Sein Quadrat von Sonne zu Mond im Radix zeigt genau auf, dass er nicht immer einen guten Draht in die Öffentlichkeit hat.

Sein Glücksstein wäre der Granat am Mittelfinger rechts, um an der Macht zu bleiben (in Gold).

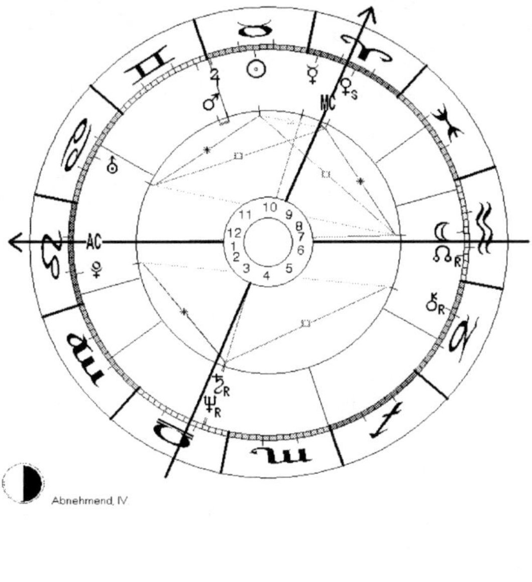

TONY BLAIR,
ALTER: 50,2 JAHRE
MI, 06.05.1953 11:23:00,
UNGENAUE ZEIT
EDINBURGH, SCO,
003W 13' 00", 55N 57' 00"
WET/S (1HE)

2. Stier-Horoskop: BILD - Zeitung

Bild ist 50!

Danke Bild, auch für deine Börsentipps. Seit über zwei Jahren konnten wir uns immer auf dich verlassen - und haben deshalb genau das Gegenteil gemacht. Als du Anfang 2000 auf einmal Aktien als lohnende Investition entdecktest, war es bereits höchste Zeit zu verkaufen. Das war ein kurzes Gesprächs-Debakel mit einer Konkurrenzzeitung.

Ja, auch für mich mal ein Grund ins Horoskop der Bildzeitung zu schauen.

Zuerst mal, die Bildzeitung ist ein Krebs. Das wundert mich eigentlich nicht, denn mit Gefühlen der Leute haben die Zeitungsfritzen von Anfang an gespielt. Dass Sie sich als Zeitung des kleinen Mannes aufspielen, täuscht ein wenig über ihre Handlungsweise hinweg: Grundsätzlich hauen sie den kleinen Mann in die Pfanne, denn der kann sich am wenigsten juristisch über Schlagzeilen beschweren. Und auch wenn sie sich streng moralisch und puritanisch geben, es ist immer eine nackte Frau im Spiel. Bunte und nackte Bilder sagen eben mehr als alle Worte. Trotzdem, alle lesen Bild (ich auch). Ein bisschen Scheinheiligkeit ist eben überall dabei. Und was die Zukunft angeht, die Leute werden weiterhin keine Bildzeitung lesen und der Verlag wird weiterhin Mühe haben mit den Verkaufszahlen mitzukommen.

Der Glücksstein für alle Bildleser ist der Opal am kleinen Finger rechts, und für alle Mitarbeiter der ruhmreichen Zeitung ist der Granat am Ringfinger links der Ideenlieferant für die dicksten Schlagzeilen, die es gibt.

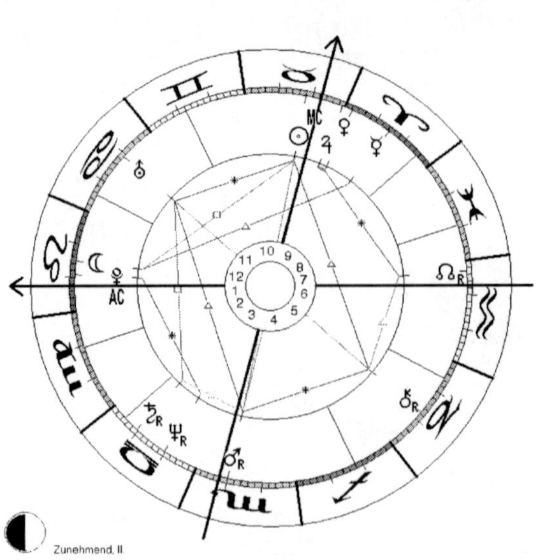

BILDZEITUNG
FR, 02.05.1952 12:00:00,
GENAUE ZEIT
HAMBURG, D,
009E 59' 00", 53N 33' 00"
MET (1HE)

3. Haus: Zwilling

Herrscher ist der Merkur. Kontakte, Kommunikation, Nachbarn, Grundschule, Seminare, Reisen, Lernfähigkeit, Gedächtnis, Verkaufen, Kaufen, Handeln Das Haus der Kaufleute und der Vertreter.

Wirkbereich für Glückssteine ist der kleine Finger und das Handgelenk. Zum Beispiel ein Schmuckarmband in Silber oder Gold oder eine Uhr.

Zwillinge sind wissbegierig und sehr anpassungsfähig. Sie finden sich mit allem Neuen schnell zurecht. Auch unbekannte Gegenden machen ihnen keine Probleme, sondern stimulieren Sie regelrecht, diese schnellstens zu erforschen. Mit Ihrer freundlichen Neugierde schließen Sie schnell und leicht neue Freundschaften. Sie haben eine überaus schnelle Auffassungsgabe und ausgeprägte verbale aber auch praktische Fähigkeiten, mit denen Sie nahezu jede Aufgabe lösen. So erreichen Sie die Ziele, die Sie sich setzen, scheinbar mühelos. Sie neigen zum Überfliegen und haben deswegen Probleme, bei den „eroberten" Dingen zu bleiben. Sie sind „Aufreißer" und brauchen zur Ergänzung dringend die Leute mit starken Erdeigenschaften, um die materiellen Erfolge zu halten.

Element: Luft

Planet: Merkur, der Planet für Kommunikation und Geschäfte

Farbe: gelb, hellgrau, hellblau

Glückszahl: 5

Tag: Mittwoch

Metall: Magnesium, Quecksilber, Gold

Glückssteine: Beryll, Achat, Jaspis

Pflanzen: Nussbaum, Lavendel, Farnkraut

1. Zwillings-Promihoroskop: Jürgen Möllemann

Fallschirm vom Rücken gerissen

Jürgen Möllemann ist mit vollem Bewusstsein in den Tod gesprungen: Er hat sich laut Augenzeugen den Fallschirm in 1.500 Metern Höhe selbst vom Rücken gerissen. Zuvor waren Wohnungen und Geschäfte des einstigen FDP-Spitzenpolitikers und seiner Freunde in vier Ländern wegen Verdachts auf massive Steuerhinterziehung durchkämmt worden.

Der Freitod ist sicher kein idealer Ausweg aus einer persönlichen Krise.

Aber was bleibt einem Mann, dem man das Ansehen, das Geld und den Beruf genommen hat? Der korrekte Umgang der FDP mit seinen Ex-Spitzenpolitiker wirft bei mir starke Zweifel auf. Wenn man in einer Diktatur einen unliebsamen Kritiker zum Schweigen bringen will, dann schickt man die Geheimpolizei, bei uns in Deutschland schickt man die mächtige Steuerfahndung. Schließlich findet die immer was, denn wer kann bei einer so komplizierten Gesetzgebung ohne Fehl und Tadel sein? Fazit: Israelkritikern, Antisemiten und Araberfreunden droht hier in der Republik Ungemach, das steht fest. Noch mehr „Bestürzung“, als über seinen Tod, hat bei mir die scheinheilige Kondolenz seiner „politischen Freunde“ ausgelöst!

Seine Einstellung, „Alles oder Nichts“, hat ihn zu dieser Kurzschlussreaktion am 05.06.2003 getrieben.

Sein Glücksstein wäre der Feueropal am linken Ringfinger gewesen.

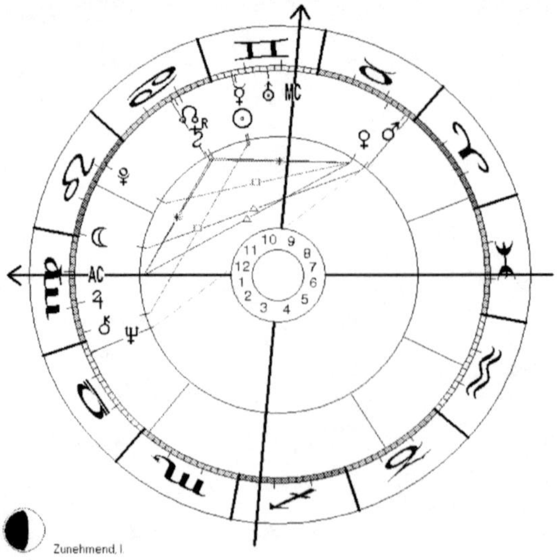

Jürgen Möllemann,
Alter: 58,1 Jahre
Fr, 15.06.1945 12:00:00,
ungenaue Zeit
Augsburg, D,
010E 53' 00", 48N 23' 00"
MET/S (2he)

2. Zwillings-Promihoroskop: Oliver Kahn

Letztes WM Endspiel-Fotostrecke: Ausgerechnet Oliver Kahn verdirbt das Happy End

Sie spielten gut und kämpften, hatten aber auch einen unglücklichen Torwart in ihren Reihen. Für Deutschlands Fußballer hat es im WM-Finale gegen Brasilien doch nicht zum Titel gereicht.

Oliver Kahn hatte das schlechteste Horoskop im Spielfeld. Er wollte zuviel und gab sich deshalb Blößen, die seine Gegner schamlos nutzten.

Sein Glücksstein gegen schlechte Leistung, ist der Granat am kleinen Finger links und der Amethyst am Ringfinger links (Anhänger geht auch). Der hilft auch gegen ungewollte Seitensprünge (nicht nur im Stadion)

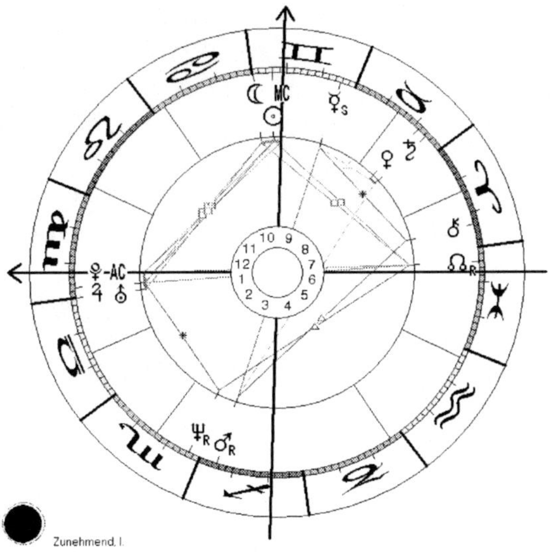

OLIVER KAHN,
ALTER: 34,1 JAHRE
SO, 15.06.1969 12:00:00,

4. Haus: Krebs

Herrscher ist der Mond. Besitz, Immobilien, Zuhause, das Haus der Makler und Grundeigentümer.

Wirkbereich für Glückssteine ist der Ring oder Mittel-Finger, die Ohren oder der Bereich, der durch den Mond aspektiert wird oder der Zeichen oder Elementebereich, in dem der Mond im Horoskop steht.

Krebse sind treue Freunde, die mit Loyalität und Überzeugung hinter den Menschen stehen, die Sie mögen. Sie lieben Sicherheit und ziehen Harmonie an. Aufgrund ihres natürlichen Einfühlungsvermögens und ihrer Sensitivität, versuchen Sie ihr Bestmögliches, Ihren Mitmenschen ein angenehmes Leben zu ermöglichen. Der Hasenfuß dabei ist, das Sie gerne bestimmen, was gut ist und solange das möglich ist, klappt es auch mit der Harmonie. Schließlich sind Sie der Herr im Haus.

Element:	Wasser
Planet:	Mond, der Planet der Gefühle und Emotionen und der mütterliche Weiblichkeit
Farbe:	silber, blassweiß, wassergrün
Glückszahl:	2
Tag:	Montag
Metall:	Silber
Pflanzen:	Der Saft aller Pflanzen ist stark vom Mond abhängig und solche mit hohem Saftanteil sind ausgeprägte Mondpflanzen. Zum Beispiel Melonen.
Blumen:	Alle schönen Wasserpflanzen

1. Krebs-Promihoroskop: George W. Bush

Präsident Bush und seine Einschätzung zur Lage...
Er hat schon verloren, wenn er so denkt!

Bilanzfälschungen: Bush wettert gegen unmoralische Firmen Enron, World-Com, Xerox, Disney: Die Liste der Bilanzfälschungen amerikanischer Unternehmen wird immer länger. Inzwischen macht sich auch Präsident Bush Sorgen: Er werde nicht zulassen, dass eine unmoralische Minderheit in den Firmen „das gesamte freie Unternehmertum besudelt".

Mein Gott, wo kommt er denn her und wo geht er hin! Ein Kind der Rüstungsindustrie entdeckt die Moral. Hoffentlich bekommt der keine Depressionen, wenn er entdeckt, dass er der einzige mit den frommen Gedanken ist.

Er erlebt gegen Herbst 2003 bis ende 2004 seinen Niedergang!

Sein Glücksstein für Popularität ist der Opal am Ringfinger links und der Aquamarin am kleinen Finger rechts in Gold.

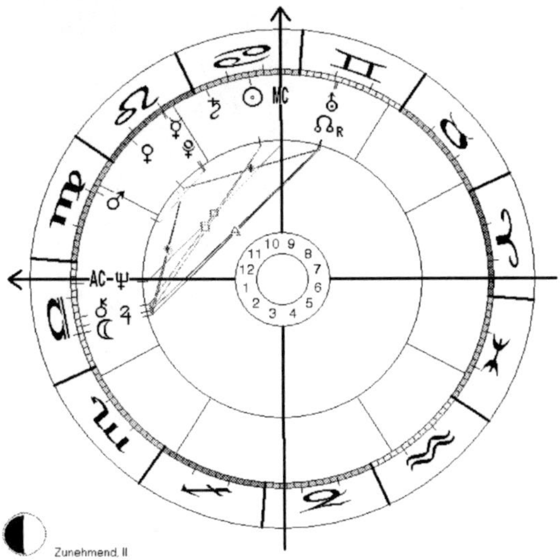

GEORGE BUSH,
ALTER: 57,0 JAHRE
SA, 06.07.1946 12:00:00

2. Krebs-Promihoroskop: Edmund Stoiber

Unions-Kanzlerkandidat Edmund Stoiber hat Deutschland zu mehr Reformbereitschaft aufgerufen und für einen radikalen Abbau von bürokratischen Regeln plädiert. „Wir müssen das Ziel haben, ein Drittel der Vorschriften in Deutschland zu streichen“, sagte Stoiber am Mittwochabend in einer als Grundsatzrede angekündigten Rede im Französischen Dom in Berlin. Er warf der deutschen Gesellschaft vor, zu unflexibel auf neue Aufgaben zu reagieren. „Wir finden nur einen Konsens für die Verdrängung von Problemen und Herausforderungen“, beklagte er. Als Beispiel für nicht angepackte Probleme nannte Stoiber die Überalterung der deutschen Gesellschaft, die Integration von Ausländern und das „Dickicht an Bürokratie“. Deutschland müsse „weg vom Konsens um jeden Preis“.

Bravo! Herr Stoiber, da liegen sie mit Ihrer Ansicht völlig richtig!

Noch besser wäre es 2/3 der Vorschriften und Gesetze zu streichen.

Der Glücksstein für Edmund Stoiber ist: Rubin am kleinen Finger links. Damit schafft er auch die größten Gegner, rein rhetorisch.

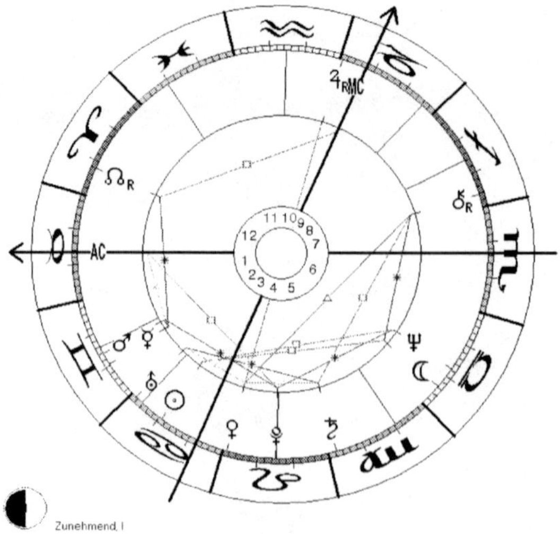

EDMUND STOIBER,
ALTER: 54,0 JAHRE
SO, 03.07.1949 02:00:00,
GENAUE ZEIT
PASSAU, D,
013E 28' 00", 48N 35' 00"
MET/S (2HE)

5. Haus: Löwe

Herrscher ist die Sonne. Kreativität, Sport, Kinder, Selbstverwirklichung, Kunst, Talente, Lebenskraft, Spielleidenschaft, Wetten, Sex. Wenn Sie im Leben Glück in der Liebe haben und beim anderen Geschlecht ankommen, ist das hier deutlich zu sehen. Das ist schon in der frühesten Jugend zu beobachten, wenn einer gutgestellte Planeten in diesem Haus hat, ist er ganz einfach ein Mädchenschwarm oder wenn es sich um ein Mädchen handelt, eine Lolita, die schon in der Schule den Jungen, einschließlich Lehrern, den Kopf verdreht. Falls kein Planet in diesem Bereich steht, schauen Sie einfach, wo der Herrscher dieses Hauses steht und wie er aspektmäßig gestellt ist. Es ist auch das Haus der Sportler.

Wirkbereich für Glückssteine ist der Daumen, Ringfinger oder der Brustbereich. Den können Sie über eine mittellange Halskette erreichen.

Löwen sind treue Freunde, die mit Loyalität und Überzeugung hinter den Menschen stehen, die Sie lieben. Sie geben gerne den Ton an und sind sehr liebenswürdig, solange das vom Umfeld akzeptiert wird. Die Löwe geborenen haben viele Freunde und auch eine große Familie ist durchaus in ihrem Sinne. Löwen sind romantisch, warmherzig und großzügig. Sie lernen nicht nur schnell Menschen kennen, sondern haben auch eine intensive Anziehungskraft auf das andere Geschlecht. Sie sind Herrschernaturen, die oft und gerne im Rampenlicht stehen.

Element:	Feuer
Planet:	Sonne, der Planet der Lebenskraft. Selbstverwirklichung ist ein Hauptthema
Farbe:	weiß und gold
Glückszahl:	1
Tag:	Sonntag
Metall:	Gold
Pflanzen:	ölhaltige Pflanzen, Palmen, Lorbeerbaum, Ölbaum, Eiche
Blumen:	Sonnenblume, alle Blüten die leuchten oder die der Sonne ähnlich sind.

1. Löwe-Promihoroskop: Madonna

Madonna flüchtet aus Guys Heimat

Wegen des trüben Wetters hat die US-Popqueen Großbritannien offenbar den Rücken gekehrt. Sie wolle in den USA bleiben, berichtete die „Daily Mail“ am Dienstag.

Laut dem Blatt plant Madonna wahrscheinlich, ganz nach Kalifornien umzuziehen. Sie habe ihre Kinder Lourdes und Rocco bereits in Schulen und Kindergärten in Los Angeles angemeldet.

Dass es so kommen wird, habe ich bereits bei der Hochzeit der Beiden gesagt. Das ist auch der Anfang vom Ende der Partnerschaft.

Ihr Glückstein für etwas mehr dauerhaften Erfolg in der Liebe, ist der rote Turmalin am Mittelfinger links in Gold.

Sie hat gegen Sommer 2003 eine gute Zeit für einen neuen Sommerhit.

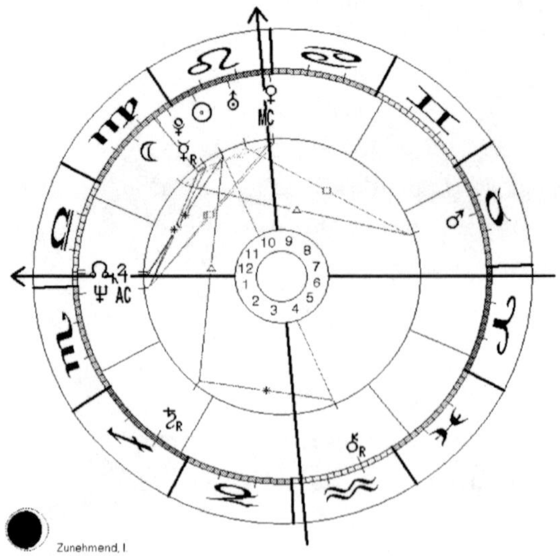

MADONNA,
ALTER: 44,9 JAHRE
SA, 16.08.1958 11:19:00,
GENAUE ZEIT
MICHIGAN CENTER, USMI,
084W 19' 00", 42N 13' 00"
EST (5HW)

2. Löwe-Promihoroskop: Stefan Effenberg

Datum 05.03.03
Neuer Skandal um den Fußball-Star: Effe beschimpft Polizisten

Stefan Effenberg (34) kann es nicht lassen. Die Liste seiner Skandale ist inzwischen länger als die seiner Fußball-Titel. Jetzt hat der „Tiger" wieder angegriffen. Diesmal hat es einen Polizisten erwischt. Effe soll ihn nach einer Verfolgungsjagd auf der Autobahn wüst beschimpft haben.

Sein Horoskop zeigt ganz klar, mit der Zeit, dem zunehmenden Alter und deftigen Geldstrafen ist auch Effenberg lernbereit. Aber, bis er ergraute Schläfen hat, gibt's noch manches auf die Mütze. Und was bleibt? Naja, manches muss ein Vollblut-Sportler einfach erleben.

Sein Glücksstein für noch mehr Power bei den Seitensprüngen ist der Rubin am Mittelfinger rechts in Gold.

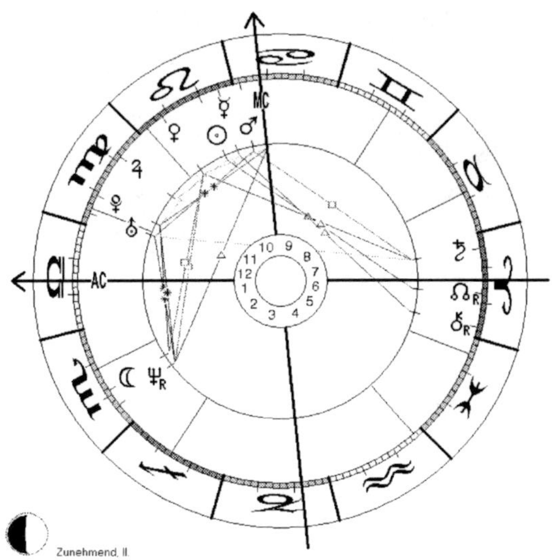

STEFAN EFFENBERG,
ALTER: 34,9 JAHRE
FR, 02.08.1968 11:11:00,
GENAUE ZEIT

6. HAUS: JUNGFRAU

Herrscher ist der Merkur. Arbeit, Dienstleistung, Gesundheit, Krankheit. Wenn Sie einen harten, schlechtbezahlten Job haben, liegt der Grund garantiert in diesem Haus. Wenn Sie öfter den Job oder den Arbeitgeber wechseln auch. Chronische Erkrankungen und Behinderungen, vor allem in Verbindung mit dem zwölften Haus (als Opposition), sind deutlich zu sehen.

Wirkbereich für Glückssteine ist der kleine Finger und der Halsbereich mit einer ganz kurzen Halskette.

Jungfrauen sind die geborenen Perfektionisten und Kaufleute. Verlässliche Freunde sind Ihnen sehr wichtig und deshalb wählen Jungfrauen ihre Bekannten mit viel Bedacht aus. Sie haben eine künstlerische Ader, die sich in vielen originellen Ideen äußert. Ihr Problem ist, durch zuviel Liebe zum Detail verlieren Sie sich oft in Kleinigkeiten, die Sie vom Wesentlichen abhält. Ohne passende Partner haben Sie ein Problem, zu dauerhaftem Erfolg zu kommen.

Element:	Erde
Planet:	Merkur (Symbol für Kommunikation)
Farbe:	orange, dunkles gelb, braun
Glückszahl:	5
Tag:	Mittwoch
Metall:	Magnesium, Messing, Gold
Pflanzen:	Kaffeepflanze, Teepflanze; im Grunde alle Pflanzen, die unser Bewusstsein positiv beeinflussen.
Blumen:	Vergissmeinnicht

1. Jungfrau-Promihoroskop: Karl Lagerfeld

Modebilder aus Paris: Lagerfelds Braut

Was hat es zu bedeuten, wenn Karl Lagerfeld dem ehemaligen Supermodel Linda Evangelista die weiße Schleppe trägt: Ist er der Bräutigam? Trauzeuge? Oder heiratet die 38-Jährige nun doch Fabian Bartez?

Ja, ich denke, es ist schon infam Lagerfeld so eine Frage zu stellen.

Was anderes, wie knackige Männerpopos würde Lagerfeld wahrscheinlich oder möglicherweise nie in seine Nähe lassen. Ich bin natürlich als Astrologe nicht so vollkommen wie der Papst. Einen Brautschleier tragen, lässt sich dagegen mit einer guten Werbung verknüpfen. Den Schreiberlingen dieser Nachricht scheint einiges aus dem Privatleben von Lagerfeld nicht geläufig zu sein.

Der blaue Saphir am kleinen Finger links ist sein absoluter Glücksstein in Gold!

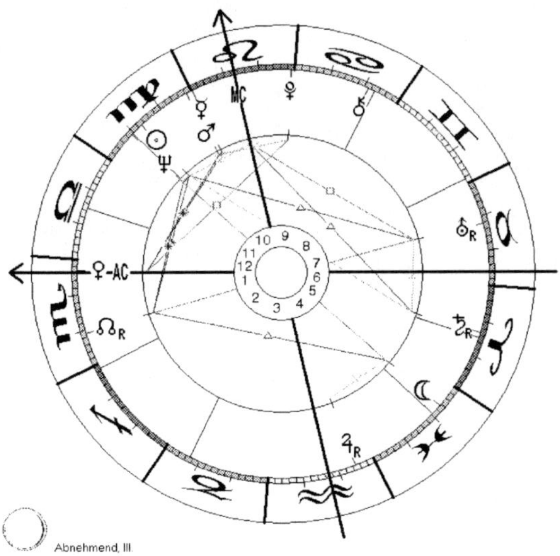

KARL LAGERFELD,
ALTER: 64,8 JAHRE
SA, 10.09.1938 10:23:00,
UNGENAUE ZEIT
HAMBURG, D,
009E 59' 00", 53N 33' 00"
MET (1HE)

2. Jungfrau-Promihoroskop: Michael Schumacher

Großer Preis von Europa: Schumacher vor dem nächsten Rekord

Der Nürburgring ist eine der Lieblingsstrecken von Michael Schumacher. Der Ferrari-Rennfahrer kann dort am Wochenende ein weiteres Kapitel Formel-1-Geschichte schreiben. Die Betreiber der Rennstrecke wollen die Gunst der Stunde nutzen, um richtungsweisende Maßnahmen einzuleiten.

Michael Schumacher schreibt Geschichte, im wahrsten Sinne des Wortes. Er ist ein Vollblutrennfahrer und noch gibt es keinen, der ihm das Wasser reichen kann. Aber, sein Schicksal wird mit ihm nicht zimperlich umgehen. Er hat alles erreicht und er sollte den Bogen in den nächsten zwei Monaten nicht weiter spannen, sonst bricht er und besiegelt sein Schicksal.

Sein Glücksstein gegen Unfälle ist der Granat am kleinen Finger rechts und der Amethyst als Anhänger in Gold.

MICHAEL SCHUMACHER,
ALTER: 34,5 JAHRE
FR, 03.01.1969 13:49:00,
GENAUE ZEIT
HÜRTH, D,
006E 51' 00", 50N 52' 00"
MET (1HE)

7. Haus: Waage

Herrscher ist die Venus. Partner, Schönheit, Erfolg mit dem guten Umfeld oder eben Misserfolg mit dem schlecht gewählten Umfeld. Liebe, und die Fähigkeit oder Unfähigkeit mit anderen zu leben. Schaffen Sie sich Ihre eigene Hölle oder Ihr Paradies, wenn Sie eine Ehe eingehen? Oder eine geschäftliche Partnerschaft beginnen?

Wirkbereich für Glückssteine ist der linke oder rechte Ringfinger.

Das Sternzeichen Waage steht für Gerechtigkeit und Feingefühl. Waagemenschen haben ein starkes Rechtsempfinden. Das verhilft ihnen oft zu Erfolg und Respekt im Berufsleben, sowie Bewunderung bei ihren Mitmenschen. Sie suchen nach Harmonie und integrieren das Ihnen so wichtige Gleichgewicht auch in ihr Umfeld.

Element:	Luft
Planet:	Venus, der Planet der Liebe, der Schönheit und Harmonie
Farbe:	rosa, grün, hellblau
Glückszahl:	6
Tag:	Freitag
Metall:	Gold, Kupfer
Pflanzen:	Alle schönen Bäume und Pflanzen mit außergewöhnlich schönen Blüten. Zum Beispiel: Rose, Lilie
Material:	Alles wirklich ästhetisch Schöne ist der Venus zugeordnet.

1. Waage-Promihoroskop: Silvio Berlusconi

Berlusconi fein raus aus allem

Die italienischen Regierungsparteien wollen den Gerichtsprozess gegen Ministerpräsident Silvio Berlusconi stoppen. Sie brachten am Donnerstag einen Gesetzentwurf ein, der eine Aussetzung des Korruptionsverfahrens bis zum Ende der Amtszeit des Ministerpräsidenten vorsieht. Die Opposition protestierte gegen das Vorhaben. Da die Abgeordneten der Regierungskoalition im Parlament die Mehrheit haben, gilt eine Annahme des Gesetzes jedoch als sicher. Berlusconi ist der Bestechung von Richtern angeklagt.

Die Mafia ist halt überall! Und vor allem die Träger hoher Staatsämter sind durch den Mafiavirus sehr ansteckungsgefährdet. Es ist ein herber Rückschlag für Italien, dass ein solches Unrecht zugelassen wird. Als Astrologe erkenne ich aber, dass Berlusconi trotzdem bezahlen muss. Ab Mitte 2004 geht es abwärts mit seinem Glück und seiner Popularität.

Sein Glücksstein ist der blaue Saphir am Ringfinger links in Gold.

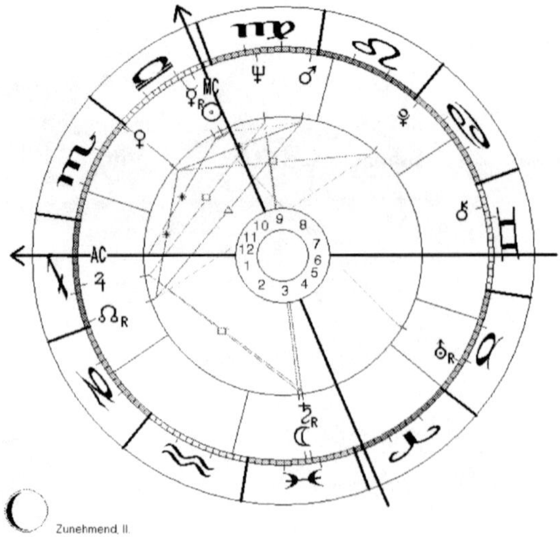

SILVIO BERLUSCONI,
ALTER: 66,8 JAHRE
DI, 29.09.1936 12:00:00,
GENAUE ZEIT
MILAN, I,
009E 12' 00", 45N 28' 00"
MET (1HE)

2. Waage-Promihoroskop: Gwyneth Paltrow

Gwyneth heuert Feng-Shui-Meister an

Die Hollywood-Schöne vertraut fest auf übersinnliche Kräfte, wenn es um ihr Wohlbefinden geht. Gwyneth Paltrow habe einen Feng-Shui-Meister angeheuert, der die Möbel in ihrer Londoner Luxus-Wohnung nach der asiatischen Lehre über die Beziehungen von Kraftfeldern anordnen solle.

Die Schauspielerin habe sich von ihren Busenfreundinnen Stella McCartney und Madonna überzeugen lassen, dass auch bei ihr mehr positive Energie als bisher durch die Wohnung fließen müsse.

Gwyneth hat ein gutes Gefühl für die wichtigen Dinge des Lebens und sie weiß natürlich auch, dass die Beziehung nur stimmt, wenn man die richtige Umgebung gewählt hat. Die Südwestecke ist für alle Frauen wichtig. Ist sie gut ausgeprägt, dann geben die weiblichen Bewohner den Ton an.

Ihr Glücksstein: Opal am Mittelfinger rechts und der Rubin am Ringfinger rechts in Gold.

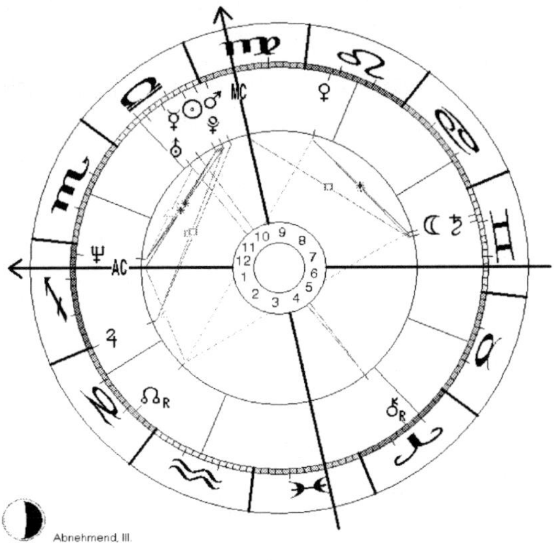

GWYNETH PALTROW
DO, 28.09.1972 11:45:00,
UNGENAUE ZEIT
LOS ANGELES, USCA,
118W 14' 00", 34N 03' 00"
PDT (7HW)

8. Haus: Skorpion

Herrscher ist der Pluto. Er beeinflusst ganze Länder und die Weltgemeinschaft. Er repräsentiert unser großes Umfeld. Erben wir oder gehen wir leer aus? Das kann man in der Regel durch das achte Haus, die Planeten die darin stehen und die Aspekte, die sie mit anderen Planeten im Horoskop haben, erkennen.

Er zeigt Profit durch geschäftliche Partnerschaften an. Auch ob wir Kredite zurückzahlen können! Sind wir geschäftlich erfolgreich oder droht uns der Misserfolg in unseren geschäftlichen Partnerschaften? Haben wir Ärger, durch das Finanzamt, zu erwarten? Das alles sagt uns das achte Haus im Horoskop.

Wirkbereich für Glückssteine ist der Bereich des Sternzeichens und der Elemente, in denen Pluto im Radix steht oder mit den Planeten, mit denen er gute Aspekte im Geburtshoroskop hat. Aber auch der Ringfinger oder für ganz Verwegene, ein Piercing im Bauchnabel oder Genitalbereich, ist wirksam. Es kommt eben darauf an, was man erreichen will.

Dem Skorpion ist es egal, wie hoch das Risiko ist oder wie schwer ein Hindernis zu überwältigen sein mag - er gibt nicht auf. Skorpione sind schonungslos ehrlich, oft bis zur Taktlosigkeit. Gegenüber Freunden und der Familie sind sie sowohl treu als auch sehr besitzergreifend. Sie sind künstlerisch begabt und sehr musikalisch - sie lieben Kunst und Literatur.

Element:	Wasser
Planet:	Mars, Pluto; die Planeten für Wille und Power
Farbe:	dunkles Rot bis braun
Glückszahl:	9
Tag:	Dienstag
Metall:	Platin, Eisen, Rotgold
Pflanzen:	alle wehrhaften, auch hochgiftigen Pflanzen mit dunkelroten bis braunen Blüten und Blättern.

Skorpion-Promihoroskop: Boris Becker

„FAZ"-Werbung ohne Vertrag: Boris Becker fordert eine Million

Die „Frankfurter Allgemeine Zeitung" hatte mit einem Konterfei des Ex-Tennisstars Boris Becker für ihre neue Sonntagszeitung geworben. Der will jetzt Geld dafür - viel Geld.

Ja, ich finde es ist noch zu wenig! Eine Zeitung, die soviel Wert auf Ethik legt, wie die Frankfurter Allgemeine Zeitung, sollte dann auch richtig bluten, wenn sie gegen die ehernen Gesetze verstößt, die sie selbst so blauäugig offen, von anderen verlangt.

Boris hat jetzt im Moment gute finanzielle Daten (Sommer 2003). Gleichzeitig ist er aber viel zu großzügig und deswegen kann trotzdem einiges danebengehen.

Sein Glücksstein für Frauen und blitzschnelles Schalten, ist der Opal am kleinen Finger links in Gold.

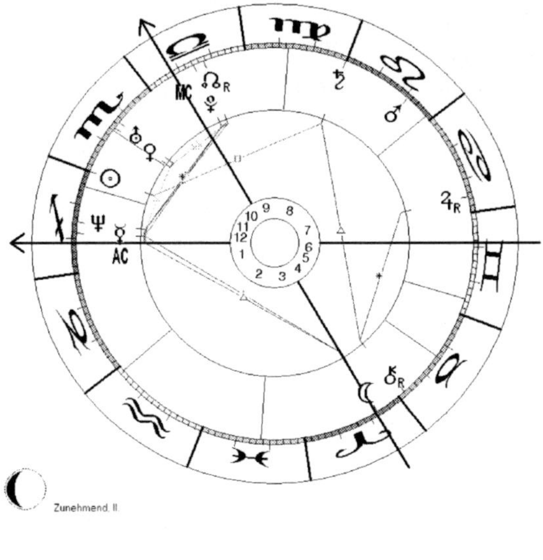

BORIS BECKER,
ALTER: 25,6 JAHRE
DI, 22.11.1977 09:42:00,
UNGENAUE ZEIT
LEIMEN BEI HEIDELBERG, D,
008E 41' 00", 49N 21' 00"
MET (1HE)

9. Haus: Schütze

Herrscher ist der Jupiter! Studium, Lernen, Weltreisen, Erfolg durch Wissen, Justiz, Aufstieg und Erfolg durch die Politik oder eben auch Ärger durch den Staat und seine Beamten, kann durch die Planetenstellungen und Aspekte in diesem Haus erkennen. Gefängnis, Haftstrafen und Verfolgung durch den Staat sind ziemlich sicher, wenn von diesem Haus aus ein Quadrat zu Planeten ins zwölfte Haus erfolgt. Transitplaneten und Radixplaneten sind gleichermaßen wichtig. Wenn wir im Leben viel Reisen, ist das hier zu sehen und auch, ob wir mal im Ausland leben und ob dies ein Vorteil für uns ist. Alle unsere Außenminister und Diplomaten haben ein stark und gut aspektiertes neuntes Haus in ihrem Geburtshoroskop.

Aber auch Geschäftsreisende, Vertreter oder Kaufleute, die viel Reisen, haben gute Aspekte zu ihrem neunten Haus, zu seinem Herrscher oder zu Planeten die in ihrem neunten Haus stehen.

Wirkbereich für Glückssteine ist der Zeigefinger oder der Ringfinger oder eben der Bereich, der durch die Aspekte stark wirkt oder der Bereich, der sich durch den Zeichenstand des Jupiter ergibt. Zum Beispiel Jupiter im Zeichen Waage, wäre am Ringfinger. Wirksame Glückssteine sind der blaue Saphir, der Türkis und der Lapislazuli.

Wenn sie Probleme mit ihrem Job auf „Achse" haben, sollten sie sich ein Rezept überlegen, um die Behinderungen wirksam zu neutralisieren. Ein gut gewählter Glücksstein könnte „Ihre Rettung" sein!

Element:	Feuer
Planet:	Jupiter
Farbe:	blau
Glückszahl:	3
Tag:	Donnerstag
Metall:	Zinn, Weißgold
Pflanzen:	Kastanie, wilder Wein, Weinrebe. Alle Wildtiere, alles was mit der Jagd zu tun hat.

1. Schützen-Promihoroskop: Britney Spears

Rasante Liebesgerüchte: Spears baggert US-Rennfahrer an

Von Britney Spears hört man zur Zeit mehr über die Liebe, als über ihre Musik. Angeblich soll der Popstar sein Teenie-Herz nun an einen verheirateten Rennfahrer aus den USA verschenkt haben.

Die Schützefrau Britney Spears hat im Moment ein richtig starkes Horoskop für eine deftige Liebesenttäuschung. Man sollte es nicht glauben, der Star der viele Männerherzen im nu knacken könnte, wagt sich im prüden Amerika an verheiratete Jungs. Und zu allem Überfluss auch noch mit so bescheidenen Aspekten, die im Grunde nur eines garantieren: Liebesfrust bis zum Abwinken.

Die nächste Zeit für ungehemmte Liebesabenteuer für Frau Spears ist gegen Ende 2004.

Ihr Glücksstein für ultimative Liebeserlebnisse ist: Smaragd am Mittelfinger rechts und der grüne Turmalin am kleinen Finger rechts in Gold.

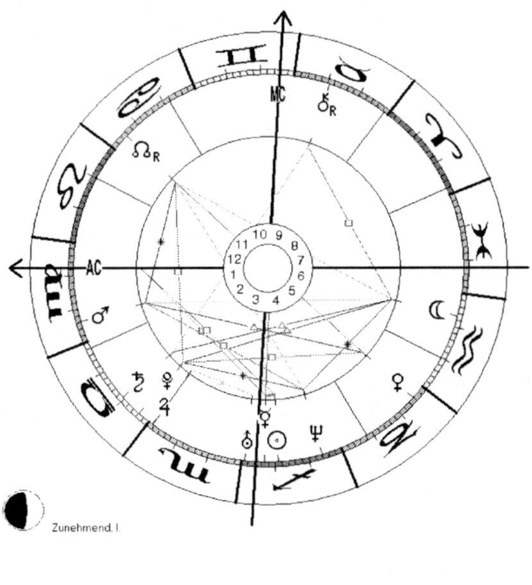

BRITNEY SPEARS,
ALTER: 21,6 JAHRE
MI, 02.12.1981 23:30:00,
UNGENAUE ZEIT

2. Schütze-Promihoroskop: Bärbel Schäfer

Nachrichten im Juli 2003
Schäfers Liebesbeweis: „Ich gebe Michel eine zweite Chance"

Der Streit ist passe', die Liebe hat gesiegt: Nach dem öffentlichen Kniefall Michel Friedmanns, hat Bärbel Schäfer ihrem Lebensgefährten verziehen. Es gäbe nur wenige Männer, die so „sensibel" und „intelligent" seien, erklärt sie.

Der Vergleich mit Michel Friedmann ist, aus meiner astrologischen Sicht, nicht die beste Partnerkonstellation. Weitere herbe Enttäuschungen sind da nicht auszuschließen.

Grundsätzlich ist im Geburtshoroskop von Bärbel Schäfer eine gewisse Problematik in der Wahl ihrer Lebenspartner, zu sehen.

Richtig Glück in der Liebe hat sie jetzt im Herbst 2003. Ich hoffe, sie wählt den richtigen Mann.

Ihr Glücksstein für die Liebe ist: Aquamarin am kleinen Finger rechts und der grüne Turmalin am Mittelfinger links in Gold.

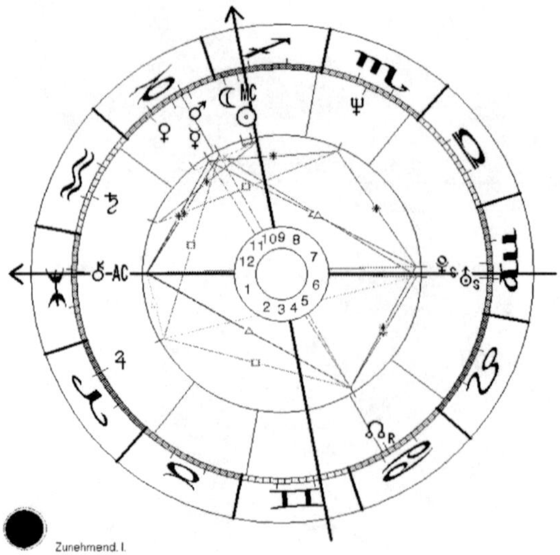

BÄRBEL SCHÄFER,
ALTER: 39,6 JAHRE
MO, 16.12.1963 12:00:00,
UNGENAUE ZEIT

10. Haus: Steinbock

Herrscher ist der Saturn. Großer Erfolg kommt bei gutem Saturnstand im Horoskop durch bedingungslose Anstrengung. Steht der Saturn gut, bringt er den großen Lebenserfolg. Wenn sie hier im Berufshaus Planeten haben, die gut aspektiert sind und nicht von anderen Planeten angegriffen werden, ist der berufliche Erfolg sehr sicher. Sie können den Zeitpunkt für den nächsten beruflichen Erfolg bestimmen, indem sie überprüfen, zu welcher Zeit der Transit-Jupiter oder Transit-Saturn die nächsten guten Transite zu diesem Planeten hat. Wenn Sie Planeten in diesem Haus haben, dann können Sie gezielt und mit hoher Konzentration arbeiten. Verzettelung ist dann für Sie ein Fremdwort.

Steinböcke sind treu, zuverlässig und sorgfältig,. Sie behalten immer die Übersicht und haben auch ein Auge für das Detail. Sie denken rational, haben die Ausdauer, um alles Angefangene erfolgreich abzuschließen. Sie schätzen Tradition und Familie und pflegen daher meist ein ausgeprägtes Familienleben.

Element:	Erde
Planet:	Saturn, der Planet der Konzentration und des dauerhaften Erfolges
Farbe:	schwarz, dunkelbraun, dunkelblau, dunkelgrün
Glückszahl:	8
Tag:	Samstag
Metall:	Blei, Gold
Pflanzen:	Efeu, Ulme, Trauerweide, Stiefmütterchen

Saturnbetonte Dinge: Mönche, Priester, Einsamkeit, Krankenhäuser, Gefängnisse, Trockenheit, jeder Mangel, Entziehungs- und Abmagerungskuren. Aber auch Landbesitz und Großer Erfolg durch Sparsamkeit.

Steinböcke können praktisch von Geburt an methodisch arbeiten und kommen gar nicht auf andere, Ihren Zielen schädliche Ideen und Vorstellungen. Ganz anders ist es aber, wenn die Planeten in Spannung in diesem Haus stehen. Wir kennen alle den Werdegang von Helmut Kohl. Sein Saturn stand im Zeichen Steinbock im zehnten Haus und hatte ein Trigon zum Mond. Leider war die Sonne im zwölften Haus mit dem Merkur im Quadrat zu seinem Saturn. Mit dieser Gestirnstellung übt man absolute Macht aus dem Hintergrund auf die Umgebung aus. Er hat politisch eigentlich alles erreicht und war in seiner Amtszeit der unumschränkte Herrscher der Union. Mit Gegnern hat er nicht lange gefackelt und sie schleunigst kaltgestellt. Und falls sie nicht schnell genug, wie zum Beispiel Lothar Späth, bereit waren, die politische Bühne zu verlassen, war er mit Intrigen und Machtspielen durchaus nicht abgeneigt, dem Abgang nachzuhelfen.

Noch heute, Jahre nach seinem Sturz, übt er Einfluss auf viele wichtige Entscheidungsträger der Republik aus. Vor allem auf die Medien. So nach und nach kommt zum Vorschein, dass er eher ein Diktator als ein demokratischer Kanzler war. Geheimverträge mit wichtigen Medienunternehmern, allen voran Leo Kirch, sicherte ihm die über alles ergebene Lobhudelei der Schreiberzunft. Seine politischen Entscheidungen während seiner Amtszeit, haben Deutschland in die bisher schwerste wirtschaftliche Krise der Nachkriegszeit gestürzt. Seine Verwicklungen in Spendenaffären sind noch immer ungeklärt und die Exekutive scheut sich davor, den Exkanzler unter Druck zu setzen.

1. Steinbock-Promihoroskop: Franz Müntefering

Münterfering zieht Anzeige gegen „Bild“ zurück

Nach tagelanger Kritik hat SPD-Generalsekretär Franz Münterfering seine Anzeige gegen die „Bild“-Zeitung zurückgenommen. Grund ist, dass die Lufthansa die undichte Stelle im eigenen Unternehmen gefunden haben will. Gegen den Mitarbeiter ermittelt nun die Staatsanwaltschaft. „Bild“-Chef Diekmann freut sich.

Der Steinbock hat im Moment ein eigentlich gutes Horoskop, allerdings hat er den Mars in Spannung zu seiner Sonne und das macht kampfeslustig. Der laufende Saturn steht dazu im Quadrat zu seinem Neptun. Diese Konstellation macht nicht unbedingt realistisch. Aber selbst wenn seine Partei am 22. September die Wahl verliert, hat er gute Chancen auf einen Spitzenplatz in seiner Partei.

Sein Glücksstein ist der Amethyst am Mittelfinger rechts in Gold und der Aquamarin am kleinen Finger links in Gold.

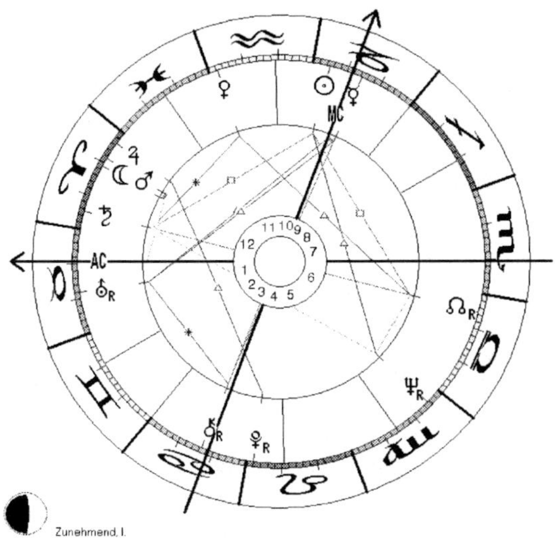

2. Steinbock-Promihoroskop: Guido Westerwelle

Datum 05.03.03
Westerwelle fordert deutsche Thatcher

Der FDP-Chef würde die Gewerkschaften am liebsten nach britischem Vorbild entmachten. Wir müssen uns bei der Erneuerung der sozialen Marktwirtschaft die frühere britische Premierministerin Margaret Thatcher zum Vorbild nehmen, sagte Guido Westerwelle der „Bild am Sonntag“. Sicherlich hat auch sie Fehler gemacht. Ihre große Leistung war aber, den damaligen britischen Gewerkschaftsführer Arthur Scargill auf seine reale Bedeutung zurechtzustutzen. Das war die Voraussetzung für den enormen Wohlstandszuwachs und die Halbierung der Arbeitslosigkeit in Großbritannien.

Nach meiner Meinung liegt er mit dieser Frage richtig. Die deutschen Gewerkschaftsführer sind schon eine Zeitlang nur noch um die Instandhaltung ihrer Positionen und Honorare bemüht. Mehr ist leider nicht erkennbar.

Seine starke Zeit kommt jetzt! Besonders gut geht es ihm ab Spätsommer 2003 bis Frühjahr 2004.

Sein Glücksstein für den politischen Erfolg ist der Opal am kleinen Finger rechts und der grüne Turmalin am Mittelfinger links in Gold.

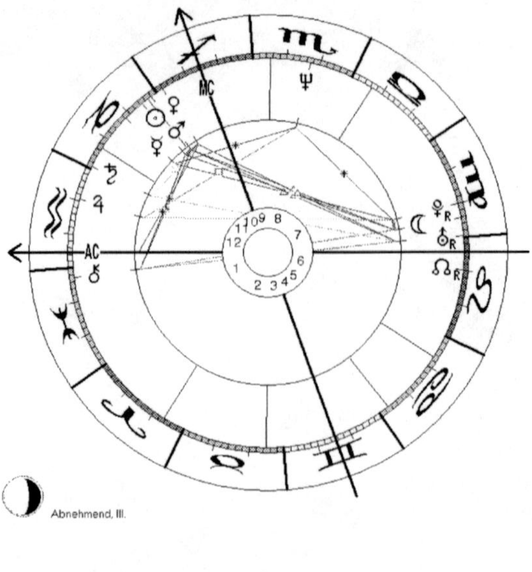

GUIDO WESTERWELLE,
ALTER: 41,5 JAHRE
MI, 27.12.1961 11:05:00,
UNGENAUE ZEIT
BAD HONNEF AM RHEIN, D,
007E 13' 00", 50N 39' 00"
MET (1HE)

11. Haus: Wassermann

Herrscher ist der Uranus. In diesem Zeitalter leben wir jetzt. Es hat gerade erst begonnen und währt fast noch volle 2000 Jahre. Plötzliche Veränderung, weltweite Kontakte, die sich rasch entwickelnde Elektronik, Computer, modernste Technik, Freunde, Bekannte, Verbindungen, schlechte, gute Freunde sind hier zu sehen. Bekommen sie Unterstützung durch Ihr Umfeld? Sind sie sympathisch oder nicht? Mit der Wahl ihrer Freunde werden sie reich, genießen großes Ansehen. Erleben einen fulminanten beruflichen Aufstieg, genießen Protektion in der beruflichen Karriere oder erleben ein Waterloo der Enttäuschung, wenn gar wichtige Planeten, wie Sonne, Mond oder Saturn in diesem Haus angegriffen sind. Es kann sogar passieren, dass Sie aufgrund falsch gewählter Freunde ins Gefängnis wandern oder frühzeitig das Leben verlieren.

Wassermänner, mit viel Kreativität und Vielseitigkeit, sind sie im beruflichen, genau so wie im privaten Bereich, die geborenen Führer. Sie sind ungern allein und blühen auf, sobald sie viele Leute um sich haben. Allerdings wollen sie immer und überall die wichtigen Zeichen setzen. Sie neigen manchmal, durch zu intensive Geschäftigkeit, zum Intrigentum, diese Züge sollten sie lieber unterdrücken.

Element:	Luft
Planet:	Uranus und Saturn (Symbol für plötzliche Veränderung, Wandlung aller Werte)
Farben:	helles blau und dunkelblau
Glückszahl:	8
Tag:	Samstag
Metall:	Uran, Wolfram, Silber, Gold.
Pflanzen:	Obstbäume, Orchidee

1. Wassermann-Promihoroskop: Michelle Hunziker

Die „Superstar"-Moderatorin Michelle Hunziker

Michelle Hunziker ist offenbar wieder in festen Händen und bis über beide Ohren verliebt. Neun Monate nach der Trennung von ihrem Ehemann Eros Ramazzotti, gibt es einen neuen Mann an ihrer Seite, wie Fotos der Hamburger Zeitschrift „Gala“ am Mittwoch zeigten.

Ob das schon der wirkliche feste Partner ist, wage ich noch nicht zu sagen. Fest steht, Wassermannsfrau Michelle Hunziker wird gegen Spätsommer 2004 eine feste Partnerschaft mit Heiratsplänen haben.

Sie hat richtig viel Glück mit Partnern ab Herbst 2004 und der Glücksstein dafür ist der Smaragd am Ringfinger links und der Amethyst am Mittelfinger rechts in Gold.

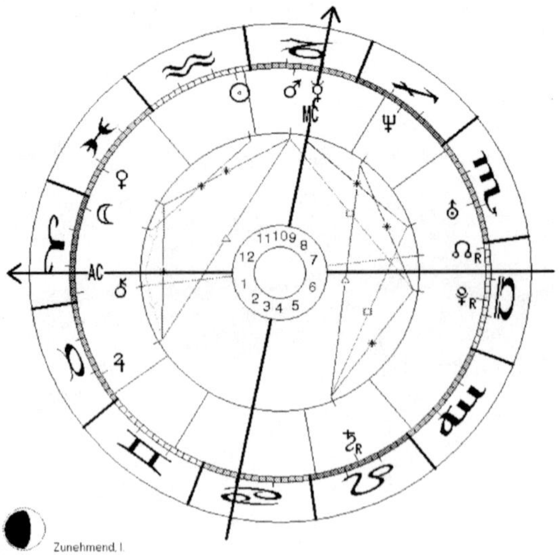

MICHELLE HUNZIKER,
ALTER: 26,5 JAHRE
MO, 24.01.1977 10:55:00,
UNGENAUE ZEIT
LUGANO, CH,
008E 57' 00", 46N 00' 00"
MET (1HE)

2. Wassermann-Promihoroskop: Justin Timberlake

Datum 05.03.03
Justin fasst an Kylies Hintern

Bei der „Brit Awards"- Verleihung in London, legten Kylie Minogue und Justin Timberlake ein heißes Duett auf's Pakett. Dabei konnte Justin seine Finger nicht von Kylies Hintern lassen.

Ja, Wassermann und Zwilling mögen sich! Und ich sehe noch heiße Mars-Plutoaspekte. Das heißt, die Leidenschaft ist dabei und die erste Begegnung dürfte ein privates Nachspiel gehabt haben. Eine heftige sexuelle Begegnung, aber keine haltbare Partnerschaft wird daraus entstehen!

Justin hat Pluto im Quadrat zur Venus. Anfassen kommt da nicht alleine. Da passiert in der Regel viel mehr.

Sein Glücksstein für die Leidenschaft ist der Feueropal am Ringfinger rechts und der Rubin am Ringfinger links in Gold.

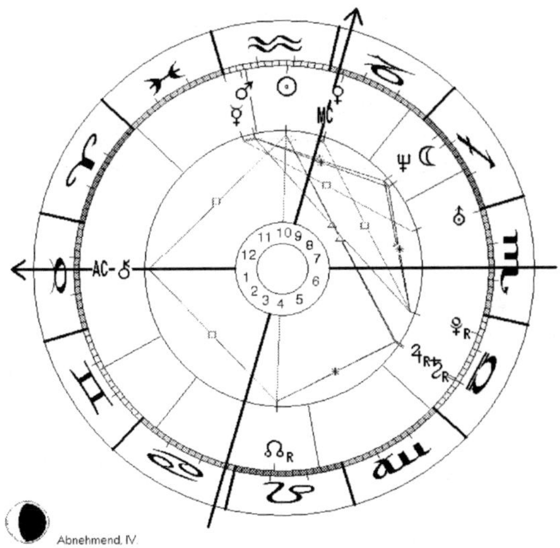

JUSTIN TIMBERLAKE,
ALTER: 22,4 JAHRE
SA, 31.01.1981 11:14:00,
UNGENAUE ZEIT

12. Haus: Fische

Alle, die im Leben nach Sinn und Erkenntnis der lebenslangen Plackerei suchen, sind gut beraten, sich mit Neptun auseinander zu setzen.

Neptun ist der Planet der Phantasie und der Imagination, der geistigen Gestaltungskraft. Er entspricht dem zwölften Haus und dem Zeichen Fische. Wo er im Horoskop steht, da erfahren wir unser inneres geistiges Glück. Dieses innere Glück hat mit dem äußeren wenig zu tun! Neptun zeigt uns durch den Bereich an, in dem er steht, welche Erfahrungen wir durch ihn lernen sollen und wo wir unsere innere Zufriedenheit finden. Er zeigt uns, wo wir unsere geheimen Träume erfüllen und wo wir unser Bewusstsein in ungeahnte Höhen erheben können. Er zeigt uns aber auch an, welche Störungen und Hindernisse auf dem Weg zum Übermenschentum noch liegen. Ob wir unser inneres Glück gerade zerstören oder aufbauen. Alle Alkohol und Drogenexzesse zerstören nicht nur unsere Karrieremöglichkeiten, sondern auch unsere höheren Möglichkeiten der zukünftigen geistigen Entwicklung.

Element: Wasser

Planet: Neptun und Jupiter

Farbe: grün, blau

Glückszahl: 3

Tag: Donnerstag

Metall: Blei, Weißgold

Pflanzen: Hanf, Mohn und alle Pflanzen mit berauschenden Substanzen.

Das zwölfte Haus, ist das Haus Abgeschiedenheit, der Isolation und Einsamkeit.

Tiefe Emotionen werden in diesem Bereich wach! Die Intuition ist bei entsprechender Besetzung des zwölften Hauses, im Geburtshoroskop mit Planeten, besonders stark. Die Einsamkeit ist überwältigend in diesem Bereich, wenn hier Planeten stehen, die von anderen Radixplaneten unter Spannung gesetzt werden. Denn es ist das Haus, das Isolation, Gefängnisaufenthalte und die Einweisung in Anstalten anzeigt. Wenn man im Alter sein Leben in trostlosen Altenheimen oder Krankenhäuser fristet. Das zwölfte Haus zeigt auch karmische Verwicklungen an und oft genug einen frühen Tod. Haben sie das Zeug zum Priester, Magier oder Mönch? Es zeigt entweder große Macht aus dem Hintergrund heraus oder die Ohnmacht, auf die eigene Lebensplanung Einfluss zu nehmen.

Berufe, die mit Krankheit und Pflege zu tun haben, sind ideal, wenn sie Planeten im zwölften Haus haben. In unserer überalternden Gesellschaft werden Pflegeberufe in den nächsten Jahren immer wichtiger werden.

Der Wirkbereich für Glückssteine ist der Elemente- oder Zeichenbereich, der in guten Aspekten zum Neptun steht, der Ringfinger oder auch beide Fußgelenke. Um den Knöchel können sie eine Kette mit einem Glücksstein tragen.

Fische sind Träumer, die wegen ihrer Großzügigkeit und ihres sensiblen Charakters sehr geschätzt und gefürchtet werden. Sie sind meist nicht genug realistisch veranlagt, um ausschließlich nach materiellen Dingen zu streben. Diese sympathischen Züge sorgen dafür, dass sie immer und überall herzlich willkommen sind.

1. Fische-Promihoroskop: Ariane Sommer

Neue Liebe: Ariane Sommer mit Frühlingsgefühlen

Im Mai hatte sich Ariane Sommer, Berliner Partymaus und Diplomatentochter, 26, von ihrem Ehemann getrennt. Nun soll sie bereits einen neuen Mann an ihrer Seite haben, Multimillionär Thomas Kramer.

Ja, sie hat einen guten Zeitpunkt erwischt. Ich hatte es ihr selbst vor einiger Zeit angekündigt. Sie wird sicher nicht völlig brav werden, aber es könnte eine gute Sache sein.

Sie hat eine schwere Depressionsneigung im Horoskop. Der Glücksstein dagegen ist der Aquamarin am kleinen Finger rechts und der Rubin am linken Ringfinger in Gold.

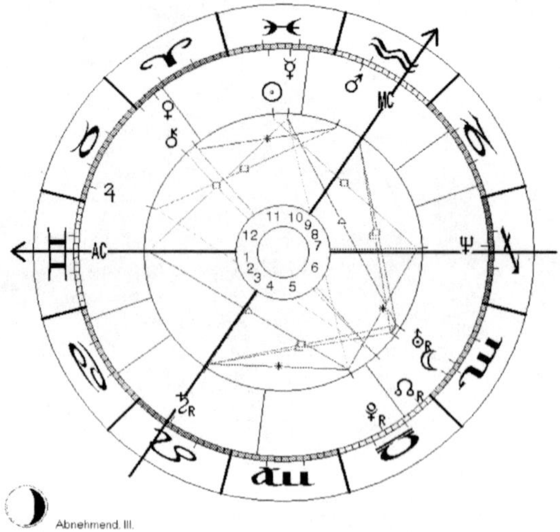

ARIANE SOMMER,
ALTER: 26,3 JAHRE
MI, 09.03.1977 10:14:00,
GENAUE ZEIT

2. Fische-Promihoroskop: Rupert Murdoc

Kriegsberichterstattung: Der Medien-General Murdoch

Sein Reich ist groß und spricht mit einer Stimme - nämlich seiner. Wie Rupert Murdoch sein Medien-Imperium in Zeiten des Krieges kontrolliert.

Er macht Krieg zum Medienspektakel. Seit Beginn des Irak-Feldzuges verbreitet Rupert Murdoch seine Pro-Kriegs-Parolen in Druckauflage von rund 40 Millionen auf drei Kontinenten. In rund 175 Titeln wird täglich von Heldentaten der US-Soldaten berichtet. Der 72-jährige Medienunternehmer formuliert dabei seine Meinung ganz klar: „Ich denke, Bush handelt sehr moralisch, sehr korrekt und ich denke das wird auch weiterhin so sein“, sagte er dem australischen Fernsehen.

Für Geld und Macht tut er halt alles, anscheinend wirklich alles. Und seine Medienkollegen tun sich schwer mit der Kritik an seiner Person.

Sein Glücksstein für noch mehr Macht, ist der Granat am kleinen linken Finger und der Feueropal am linken Ringfinger in Gold.

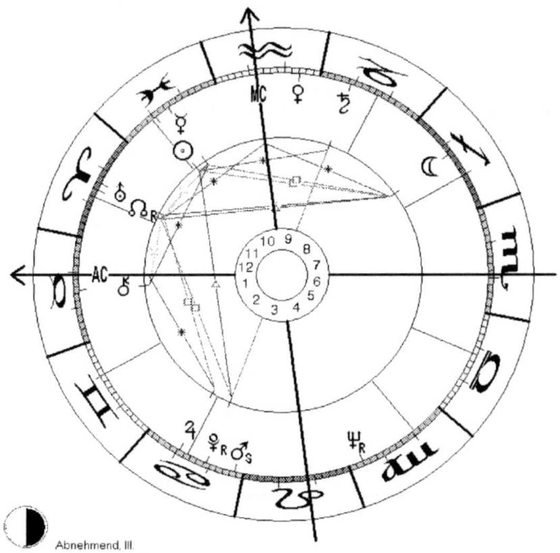

MUROCH RUPERT,
ALTER: 72,3 JAHRE
MI, 11.03.1931 10:31:00,
GENAUE ZEIT
MELBOURNE, AUS,
144E 58' 00", 37S 49' 00"
AEST (10HE)

Zuordnung der Organe zu den jeweiligen Tierkreiszeichen

Widder:
Kopf, Gehirn, Augen, Kiefer, Zähne

Stier:
Hals, Rachen, Kehle, Nase, Schleimhäute, Stoffwechsel

Zwillinge:
Schultern, Schlüsselbein, Arme und Hände, Lungen (Nervensysteme)

Krebs:
Magen, Bauchgegend, Dickdarm (auch Gebärmutter)

Löwe:
Herz, Brust, Kreuzgegend

Jungfrau:
Verdauungsapparat, Dünndarm, Leber, Galle

Waage:
Nieren, Lenden (Regulationssysteme)

Skorpion:
Ausscheidungs- und Geschlechtsorgane

Schütze:
Hüfte, Becken, Oberschenkel

Steinbock:
Knie, Gelenke allgemein (Skelett)

Wassermann:
Unterschenkel und Knöchel (peripherer Blutkreislauf, autonomes Nervensystem)

Fische:
Füße (Lymphsystem)

Folgende Edelsteine können bei guten Aspekten (Trigone und Sextile) getragen werden

Onyx, grüner, schwarzer oder roter Turmalin

bei Saturnaspekten

Die schwarze Farbe des Onyx steht für Distanz, Verborgenheit, Würde, Eleganz und Sicherheit. Onyx soll einen guten Einfluss auf Herz, Nieren und Milz ausüben.

Der Onyx wird gerne von Verkäufern getragen, da er den schnellen Verkaufsabschluss fördert.

Der rote Turmalin stärkt und festigt den Lebenserfolg. Er macht Lust auf Karriere!

Der grüne Turmalin wirkt wohltuend auf die Finanzen. Vorausgesetzt, Ihr Saturn steht gut!

Smaragd und Beryll

bei Merkuraspekten

Smaragde und auch alle andersfarbigen Berylle wirken positiv auf den Verstand und die verbalen Tätigkeiten.

Amethyst

bei Neptunaspekten

Wenn Sie Abstand von der Welt gewinnen wollen oder Ihre Ziele einfach von Anfang an höher liegen, sollten Sie einen Amethyst an der richtigen Stelle tragen.

Er macht den Weg frei zu den wichtigen geistigen Bereichen!

Aquamarin

bei Uranusaspekten

Der Stein der Kommunikation in unserem noch jungen neuen 3. Jahrtausend, schlechthin!

Kein anderer Stein macht die Richtung der Entwicklung nächster Jahrhunderte deutlicher. Es geht alles mehr in Richtung Freiheit, auch wenn manche Großkonzerne oder Staaten eine andere Entwicklung möchten.

Der Mond

unser geheimnisvollster und nächster Planet

Er ist der wichtigste Planet für alle Frauen und er ist der Türöffner zu ihrer Seele. Smaragd, Opal, Perlen oder Mondstein bei Mondaspekten.

Opal

Er ist auch ein Mondsstein, sogar mit exzellenter Wirkung. Wenn sie ihre Show abziehen wollen oder sonst wie Eindruck schinden wollen, ist er unentbehrlich.

Mondstein

Er ist ein klassischer Mond-Stein! Er erhöht die Medialität und macht uns geschäftlich erfolgreich.

Perlen

Sie erhöhen den weiblichen Reiz und machen alle Frauen anziehender und weiblicher.

Smaragd

Wirkt auch stark bei guten Mondaspekten im Radix.

Eigentlich ist es der beste Mondstein, eine gute Merkur-Aspektur vorausgesetzt! Wie kein anderer zieht er Reichtum an. Ein gutes Gedächtnis, gute finanzielle Möglichkeiten und eine positive Wirkung auf den Besitz, sind garantiert.

Granat

bei Plutoaspekten

Er vermittelt Power und Leidenschaft, aber auch Treue und Verbundenheit. Er bindet die Personen ohne, „wenn und aber!"

Man schenkt diesen Stein beim Abschied um dem Anderen Gewissheit auf ein Wiedersehen zu geben. Der Granat wirkt besonders stark bei Skorpionen und Plutobeeinflussten Menschen. Er soll sich bei Untreue des Partners dunkel färben! Er bringt dem Träger viel Power, eine gute Gedächtnisleistung und mobilisiert die Leidenschaft.

Rubin und roter Spinel

wirken hervorragend bei Marsaspekten

Sie kurbeln die Leidenschaft an und schaffen freie Bahn für die explosiven Gefühle.

Der Rubin gilt als besonders energiespendend und vitalisierend für alle Feuerzeichen. Er ist der absolute Stein der Liebe. Kein anderer wirkt neben ihm so intensiv auf unsere Gefühlswelt.

Weißer Topas, Bergkristall oder Diamant

bei Sonneaspekten

Diese Glückssteine verstärken ihr Selbstbewusstsein und verbessern ihren Lebensstandard. Kein Stein wirkt so stark wie der Diamant auf das Selbstbewusstsein!

Alle hellfarbigen zartgetönten Saphire und Diamanten

bei Venusaspekten

Der blaue Saphir ist der stärkste Jupiter-Glückstein. Er bringt ihnen die Wohltaten des Jupiters gehäuft. Pures Glück, Protektion, glückliche Zufälle und ein angenehmes Leben.

Der Saphir ist der Stein der Liebe und des angenehmen Lebens. Die oberen Zehntausend haben genau diese Aspekte.

Egal welche Farbe Sie wählen, wenn Ihre Venus gut steht und Sie diesen Glücksstein in Gold am Ringfinger links oder rechts tragen, werden Sie sehr viel Glück in der Liebe haben. Eingeschlossen und garantiert sind auch angenehme Lebensverhältnisse.

Blauer Saphir, Lapislazuli, Türkis oder blauer Topas

bei Jupiteraspekten

Der blaue Topas ist ein typischer Jupiterstein. Er ist ein starker Vitalitätsstein und bringt Power in Ihr Leben! Aber er kann auch Frauen helfen, (bei zunehmender Mondphase) schwanger zu werden.

Der Lapislazuli ist ein wirkkräftiger Jupiter-Glücksstein. Vor allem als Schutzstein! Wenn Sie das Gefühl haben, dass Sie blockiert werden oder sich so fühlen, dann ist er der richtige Stein für Sie.

Der Türkis ist der bekannteste Jupiterstein. Ideal um sich vor Unfällen auf Reisen zu schützen.

Der blaue Saphir ist der stärkste Jupiter-Glückstein. Er bringt Ihnen die Wohltaten des Jupiters gehäuft. Pures Glück, Protektion, glückliche Zufälle und ein angenehmes Leben.

Glückssteine haben nicht nur mit rein materiellen Bedingungen zu tun. Magie ist stets dabei. Und nun wenden wir uns mehr dem magischen Bereich zu, wie weit Sie dabei gehen wollen, bestimmen Sie selbst!

MAGIE - WIE WIRKT SIE?

Wir leben in einer Welt der Wahrnehmung und diese Welt ist für jeden mit der Reichweite seiner Sinneswahrnehmung begrenzt. Es sei denn, er kann sich darüber hinwegsetzen.

Der Mensch hat mit seinen Sinnesorganen nicht gerade die besten Anlagen, welche die Natur zu bieten hat, bekommen. Jede gewöhnliche Katze kann mehr sehen und deutlich mehr hören und riechen als der Mensch, jedenfalls mit den normalen Sinnesorganen. Die Grenzscheide zwischen normalen Sinnesfunktionen und den sogenannten übersinnlichen Wahrnehmungen kann aber nicht jeder überschreiten. Seit Alters her ist es aber ein Metier der Priester, Hexen, Mönche und Schamanen, die Grenze zwischen den Welten zu überwinden.

Der grobstoffliche oder tierische Körper kann diese Grenze aber nicht passieren, deshalb ist es auch den kundigen Magiern oder Hexen nur in ihren feinstofflichen Körpern, in ihrer Lichtgestalt möglich, ihr Bewusstsein auf andere Welten und Dimensionen zu richten.

Den feinstofflichen Körper oder den Odkörper kann man im Laufe des Lebens durch Übung erweitern, oder man bekommt ihn aufgrund von Verdiensten in früheren Leben „fast" von der Natur geschenkt.

Allerdings, nur mit der vollendeten Initiation wird dieser Lichtkörper lebensfähig. Der Initiand trennt sich aus eigener Kraft vom Körper, stirbt damit bewusst und kehrt innerhalb einer Nacht aus eigenem Entschluss zum Körper zurück. Sein Bewusstsein erlebt keine Unterbrechung bei der Rückkehr in den tierischen Teil des Körpers und er wird auch in alle Zukunft unabhängig von diesem Körper sein. Der Lichtkörper wird durch den Vorgang der Initiation praktisch „neugeboren" und braucht danach viele Jahre der Entwicklung, um das volle Tages-Bewusstsein auf Dauer tragen zu können und noch viele weitere Jahre, um auch handlungsfähig in den geistigen Welten zu werden.

Magie ist nichts anderes, als dass man mit dem feinstofflichen Körper tätig wird. Es grenzt für normale Menschen eben an ein „Wunder", wenn sie mit Dingen in Berührung kommen, die für normale Sinnesorgane nicht mehr zu erklären oder zu erkennen sind.

Es gibt natürlich viele Menschen, die nur das glauben, was sie sehen. Für diese habe ich die Zeilen nicht geschrieben. Ihr Interesse muss schon soweit gediehen sein, zu akzeptieren, das es einfach viele Dinge gibt, die jenseits der normalen Wahrnehmung liegen.

Wenn sie ein wenig in die magische Welt eintauchen wollen, dann lesen sie die Zeilen aufmerksam und tun die Dinge einfach, die beschrieben sind. Überlegen sie nicht lange hin und her, denn der Verstand ist dabei nur hinderlich. Der Verstand kann uns nur in der mit normalen Sinnen erfassbaren Welt helfen, in geistigen Welten ist er nutzlos und macht sich nur vor Aufregung in die Hose, wenn er an die Grenzen seiner Welt stößt. Die Wahrnehmung unseres Bewusstsein ist jedenfalls unvergleichlich schärfer, wenn es die Fesseln der materiellen Bindung an das Gehirn abgelegt hat. Sie müssen noch kein Meister sein, um die nachstehenden kleinen magischen Kunststücke zu vollbringen. Jeder fängt mal an zu laufen und die ersten Schritte werden bei allen am Anfang etwas wacklig sein. Aber es ist doch ein Vorwärtskommen, wenn auch am Anfang noch bescheiden und langsam.

Glückstein-Ritual

Das Glücksstein-Ritual ist eines der ältesten und gebräuchlichsten Rituale überhaupt. Glückssteine zu weihen, ist ein schöner Brauch und symbolisiert die Ziele und Träume, die der geweihte Stein dann fördert und unterstützt, bis diese Ziele erreicht sind.

Man kann die Glückssteine entweder selbst behalten und als persönlichen Talisman benutzen, oder man verschenkt sie an geliebte Menschen.

<u>Utensilien, für dieses Ritual:</u>

- Der ausgewählte Glücksstein
- Rosenwasser und Farben für die Symbole (aus der Drogerie oder Apotheke)
- zwei dicke Zigarren und eine Flasche Alkohol, am besten Whisky oder hochprozentiger Rum, ein Glas, einen Aschenbecher
- zwei Kerzen: die Farbe der Kerzen sollte grün bei Geld und Jobwünschen, rot bei Liebeswünschen und gelb bei Wünschen sein, die mit Reisen und Kontakten zu tun haben.

<u>Beste Tage für dieses Ritual:</u>

- 2. Februar
- 1. Mai
- Montag oder Mittwoch vor Vollmond.
- Wenn der Mond zunehmend in seinem Ursprungs-Standort in ihrem Geburtshoroskop steht oder wenn der Transitmond in guten Aspekten zu ihrer Geburtssonne steht.

<u>Beste Zeit:</u> Wenn Sie völlig ungestört sind. Kurz vor Sonnenaufgang bis zum Sonnenaufgang oder während der Dämmerung

<u>Bester Platz:</u> Mittelpunkt, Grünstreifen einer tagsüber vielbefahrenen Straße

Falls Sie sich das nicht trauen, funktioniert es auch, wenn Sie einen Spiegel hinter Ihrem Rücken in die Richtung einer stark frequentierten Straße ausrichten.

So wird es gemacht:

Beginnen Sie das Ritual mit einer kleinen Meditation. Formulieren und Visualisieren Sie währenddessen den Wunsch kurz, knapp und unmissverständlich. Sie können vor dem Ritual einen Wunschzettel anfertigen, Fotos mit den Wunschzielen dazulegen oder zeichnen.

Überlegen Sie sich schon vorher, welche Symbole und Farben sich am besten eignen, dem Wunsch eine Form zu geben. Wählen Sie stets kräftige Farben und klare Strukturen. Es können schöne Muster der Planeten, Symbole ihrer Wünsche und ähnliches während des Rituals auf den Wunschzettel gemalt werden. Wichtig ist, dass Sie während der Bearbeitung Ihres Wunschzettels immer den Wunsch vor Augen haben und den Wunsch förmlich in den Glücksstein hineindenken.

Malen Sie zur Bekräftigung auf Ihren vorformulierten Wunschzettel die Symbole der wichtigen Planeten Jupiter, Saturn, Venus und Mond. Spritzen sie das Rosenwasser über den Glücksstein und zünden Sie die Zigarren an und legen sie diese in den vorbereiteten Aschenbecher. Entkorken sie die Schnapsflasche und gießen den Whisky ins Glas.

Wenn Sie damit fertig sind, stehen Sie auf und halten die geöffneten Hände über den Stein. Sprechen sie die Wünsche, die auf ihrem Wunschzettel stehen, laut und deutlich über dem Stein aus.

Vermeiden Sie Hektik, falls plötzlich Unerklärliches passiert. Wenn Sie in diesem Moment gestört werden, ist es meistens ein positives Zeichen. Bleiben Sie in jedem Fall cool und bringen Ihr Ritual zu Ende. Verbrennen Sie am Ende des Rituals Ihren Wunschzettel. Die Kerzen lassen Sie ausbrennen. Nehmen Sie nur den Glücksstein sofort an sich und entfernen Sie die Zigarren und den Alkohol erst einige Stunden danach. Verlassen Sie den Ort, ohne sich umzuschauen!

Wenn Sie den Stein verschenken, informieren Sie den Beschenkten über den Sinn des Steines. Er soll sich darüber im Klaren sein, für was genau dieser Stein geweiht wurde und für was nicht.

Bitte pro Ritual und Tag nur einen Wunschstein herstellen, da sich sonst Ihre Energie verzetteln würde und die Kraft des Wunschsteins schwächer würde.

Wenn Sie den Glücksstein das erste Mal tragen, sollten Sie ihm als erstes einen Wunsch erfüllen. Was das ist, ist nicht wichtig, aber es muss ihnen viel bedeuten. Sie sollten für den Glücksstein etwas aufgeben, zum Beispiel das Rauchen oder eine bestimmte Sache nicht mehr tun, die Sie sehr mögen. Das kann ein Verzicht auf eine bestimmte Schokoladensorte, auf Gummibärchen, die sie vielleicht gerne mögen, sein, ein Getränk das Ihnen schmeckt oder ein Essen, das Sie als „Opfer“, für das Tragen des Glückssteins, nicht mehr zu sich nehmen.

STARKER LIEBESZAUBER

Um mit dem Spiegel die magische Energie auf einen Glücksstein zu übertragen

Utensilien, für dieses Ritual

- Ihr Glücksstein und vielleicht auch der Glücksstein des Partners
- Rosenwasser und Farben plus Pinsel für die Symbole (aus der Drogerie oder Apotheke)
- Weihrauch und ein Räuchergefäß (feuerfeste Schale)
- Ein Spiegel
- Schwarze Tücher und ein kleines, dunkles Seidentüchlein
- zwei Kerzen, die Farbe der Kerzen sollte rot sein

Liebeszauber kann man auf verschiedene Weise bewirken, beispielsweise durch Voodoo oder Zaubersprüche oder mit Hilfe eines Spiegels und Zaubersprüchen.

Zu dem Spiegel: Dieser sollte oval sein, ca. 40 cm lang. Der Spiegel wird auf schwarzem Hintergrund an die Wand im Osten gehängt, auch die Wand im Westen sollte mit Tüchern schwarz abgedeckt sein.

So gehen Sie vor:

Sie müssen völlig ungestört sein. Unterbrechen Sie die magische Handlung auf keinen Fall und ziehen Sie diese möglichst durch, auch wenn Sie gestört werden.

Sie platzieren den Spiegel so, dass Sie sich gut in dem Spiegel sehen, während Sie davor meditieren. Sie stellen eine rote Kerze links und rechts vom Spiegel auf.

Bestreichen Sie den Spiegel mit einem Pinsel mit dem Rosenwasser und malen auf den Rahmen die Symbole der Planeten Venus, Jupiter und Saturn.

Legen Sie Ihren Glücksstein und vielleicht auch den Ihres Partners auf den vorbereiteten Wunschzettel, den Sie zur Bekräftigung auch mit Fotos und Zeichnungen verstärken können. Spritzen Sie Rosenwasser darüber. Ideal wäre es, wenn Sie Haare und abgeschnittene Teile von Fingernägeln Ihres Partners hätten.

Ziehen Sie mit weißer Kreide einen Kreis um Ihren Sitzplatz. Der Spiegel sollte nicht in diesem Kreis eingeschlossen sein, sondern sich knapp außerhalb des Kreises befinden.

Setzen Sie sich vor den Spiegel, entzünden den Weihrauch in dem vorbereiteten Gefäß und beginnen die Meditation. Versuchen Sie in den Trancezustand zu gelangen.

Stellen Sie sich die geliebte Person in dem Spiegel vor! Zur Kontaktherstellung richtet man seine Augen auf die des Spiegelbildes, ohne zu blinzeln. Warten Sie, bis Ihr Gesichtsfeld verschwimmt! Sobald Sie sich das Bild Ihres Partners in dem Spiegel plastisch vorstellen können, sprechen Sie Ihre Wünsche hinein und ziehen diese Wünsche dann in Ihren Glücksstein!

Zum Schluss nehmen Sie den Wunschzettel mit den Haaren und Fingernägeln und wickeln diesen in ein schwarzes Tuch ein. Das Ganze sollte möglichst klein gehalten werden, da der beste Platz dafür eine Stelle sein sollte, an der die geliebte Person jeden Tag vorbeikommt. Ideal ist ein Platz oberhalb des Türrahmens. Und je kleiner der Wunschzettel mit den Haaren ist, desto unauffälliger können Sie ihn platzieren.

Lassen Sie die Kerzen in jedem Fall ausbrennen. Achten Sie darauf, dass keine Tücher anbrennen können. Decken Sie den Spiegel sofort mit einem schwarzen oder roten Tuch zu und nehmen den Glücksstein und wickeln ihn in ein rotes oder dunkles Seidentüchlein. Sie sollten den Liebesglücksstein dann noch eine Nacht dem Vollmond aussetzen. Vorher auf keinen Fall tragen. Verlassen Sie den Raum rückwärts gehend.

Am nächsten Tag, nachdem die Kerzen ausgebrannt sind, sollten Sie den Raum tagsüber lüften und den Spiegel säubern, sowie die Tücher abnehmen.

Ein Ritual, um die Kraft eines Zauberbannes zu brechen

Geschehen Ihnen Dinge, die Sie nicht erklären können?

Na ja, möglicherweise hat jemand einen Zauber auf Sie gelegt. Hier ist ein Zauber, um einen auf Sie ausgesprochenen Bann zu brechen.

Sie benötigen: zwei schwarze Kerzen, Weihrauch und ein Räuchergefäß, eine schwarze Schüssel mit Fluss-Wasser. Auf keinen Fall aus dem Wasserhahn! Sie können auch eine Plastikschüssel nehmen, die Sie mit wasserfester Farbe schwarz anmalen.

Nehmen Sie die beiden Kerzen und stellen diese in die noch leere Schüssel.

Kleben sie die Kerze mit einem wasserfesten Kleber an den Schüsselboden. Sobald der Kleber festgeworden ist, füllen Sie das Wasser ein. Es sollte bis gut zweidrittel der Kerzen bedecken!

Zünden Sie den Weihrauch und die Kerzen an. Stellen Sie sich vor, dass die Energie des Zauberbannes in den Kerzen leuchtet und stellen Sie sich weiterhin vor, dass im Laufe der nächsten Stunde die Kerzen durch das Wasser erlöschen werden und damit die Kraft des Bannes gegen Sie erlischt.

Meditieren Sie bis dahin vor der Wasserschüssel und Konzentrieren Sie sich auf die beiden brennenden Kerzen. Behalten Sie diese ruhig in den Augen. Und sobald Ihr Gesichtsfeld verschwimmt, richten Sie den Blick erneut in die Kerzenflammen bis sie endlich erlöschen und der Bann gebrochen ist.

Sind diese erloschen, nehmen Sie das Wasser und die Kerzen, und graben ein Loch in den Boden, außerhalb Ihres eigenen Grundstückes oder Wohnbereiches, und gießen das Wasser hinein und werfen auch die Kerzen dazu. Füllen Sie die Erde wieder auf und entfernen sich rückwärts aus der Sichtweite des Platzes. Sie sollten in den nächsten Wochen in keinem Fall den Platz wieder aufsuchen.

SCHUTZRITUALE

Am Besten führen Sie dieses Ritual an einem Ort durch, den Sie gut kennen. Ideal wäre ein Platz, an dem Sie während der Kindheit oft gespielt haben. Ihr Lieblingsplatz. Der Mond sollte schon am Himmel stehen und am Besten abnehmend sein. Die Dämmerungszeit und die Mitte von Fußgängerwegen oder Trampelpfaden ist sehr wirkkräftig.

Vergewissern Sie sich, dass Sie alleine sind.

Sie benötigen: eine Flasche hochprozentigen Rum, ein Glas, eine dicke Zigarre, einen Aschenbecher, eine schwarze Kerze und einen Zettel, auf dem Sie vorher Ihren Schutzwunsch notiert haben.

Entkorken Sie die Schnapsflasche und gießen Sie den hochprozentigen Rum ins Glas und stellen die Flasche daneben. Entzünden Sie eine dicke Zigarre und platzieren diese im mitgebrachten Aschenbecher daneben.

Sagen Sie laut:

Großer grüner Drache, ich rufe und beschwöre dich und bitte um deinen Schutz. Schütze mich und mein persönliches Umfeld. Meine Angehörigen und meinen Besitz.

Entzünden Sie die schwarze Kerze neben Schnapsflasche und Zigarre.

Nehmen Sie Ihren Wunschzettel und lesen Sie kurz vor, was Sie sich genau unter dem Schutz vorstellen.

Halten Sie den Wunschzettel danach in die Kerzenflamme und lassen ihn restlos verbrennen.

Bewegen Sie sich dann rasch rückwärts aus der Sichtweite des Platzes.

Entfernen Sie die „Überbleibsel des Rituals" erst am nächsten Morgen!

Ein Schutzritual

Hier ist ein Schutz - Zauberspruch, um Sie vor Übel und schlechten Einflüssen zu schützen.

Ziehen Sie ein Pentagramm mit einem Holzzweig, den Sie in der Nähe finden, in den Boden. Es sollte groß genug sein, damit Sie in der Mitte des Pentagramms bequem Platz finden können.

Zünden Sie an jeder Spitze des Pentagramms eine violette Kerze an und platzieren drei Weihrauchstäbchen, die Sie sofort anzünden und neben den Kerzen in den Boden stecken.

Sprechen Sie, während Sie die Kerzen und den Weihrauch anzünden, folgende Worte:

Kraft der Natur und Kraft des Himmels schütze mich.
Halte alles Übel von mir fern.

Wiederholen Sie die Worte bis alle Kerzen brennen und auch der Weihrauch angezündet ist. Begeben Sie sich in die Mitte des Pentagramms und bleiben dort etwa 9 Minuten. Stellen Sie sich vor, wie alles Übel und alle Probleme, die Sie bisher belästigt haben, an der Schutzmauer des Pentagramms zerschellen.

Löschen Sie danach die Kerzen und verwischen Sie die Linien des Pentagramms.

WUNSCHZAUBER

Führen Sie den Zauberspruch während der Dämmerung im Freien durch. Sie benötigen eines von den folgenden zerstampften Kräutern, je nachdem, was Sie sich wünschen.

Lorbeerblätter für geschäftlichen Erfolg
Rosmarinblätter für persönliche Förderung
Zitronenkraut für mehr Power
Eisenkraut für die ganz großen Ziele
Pfefferminzblätter für die Gesundheit
Rosenblätter für die Schönheit
Eichenblätter für die steile Karriere
Kastanienblätter für den beruflichen Durchbruch

Zeichnen Sie einen großen Kreis mit einem Stück Ast, den Sie in der Nähe finden und markieren Sie die Himmelsrichtungen in der Reihenfolge:

Norden

Osten

Süden

Westen

Setzen Sie sich in die Mitte des Kreises mit den ausgewählten frischen Blättern und dem Mörser, den Kerzen und achten Sie auch darauf, dass Sie Feuer dabei haben. Sie sollten den Kreis nach Möglichkeit während der Zeremonie nicht verlassen.

Nehmen Sie die von Ihnen ausgewählten Blätter und stellen Sie sich alles, was Sie sich wünschen, in allen Details vor. Geben Sie die Blätter in einen Mörser und stampfen diese klein. Dann intensivieren Sie Ihren Wunsch durch plastische Imagination Ihres kommenden Erfolges und atmen intensiv die aufsteigenden ätherischen Öle, der zerstampften frischen Blätter, mehrere Minuten lang ein.

Dann drehen Sie sich in Richtung Norden und sagen:

**Nordwind, ich rufe ich dich,
um meinen Wunsch zur kältesten Ecke des Nordens zu tragen und ich verlange von deinen Herrschern im ewigen Eis den gewünschten Erfolg.**

Erzählen Sie dem Nordwind von Ihren Anstrengungen und Idealen. Fordern Sie ihn auf, Ihre Wünsche den Herrschern des ewigen Eises zu überbringen.

Streichen Sie einen Teil der zerstampften Pflanzen in Ihre rechte Hand und blasen Sie neunmal in Richtung Norden. Nehmen Sie danach eine schwarze Kerze, reiben sie mit den zerstampften Pflanzen ein und stellen sie angezündet in die Nordrichtung.

Wenden Sie sich dann in Richtung Osten und sagen Sie:

**Ostwind, rufe ich dich,
um meinen Wunsch zum Gipfel der östlichen Weisheit zu tragen und ich verlange von deinen Herrschern den Erfolg in meinem Anliegen.**

Erzählen Sie dem Ostwind von Ihren Sorgen, Plänen und Wünschen und bitten ihn laut vernehmlich, diese Wünsche seinen Herrschern zu übermitteln.

Streichen Sie einen Teil der zerstampften Pflanzen in Ihre rechte Hand und blasen Sie neunmal in Richtung Osten. Nehmen Sie danach eine weiße Kerze, reiben sie mit den zerstampften Pflanzen ein und stellen sie angezündet in die Ostrichtung.

Wenden Sie sich an den Süden und sagen Sie:

**Südwind, ich rufe dich,
um meinen Wunsch zur südlichen Feuerzone zu tragen und ich verlange von deinen Herrschern Erfolg in meinem Anliegen.**

Erzählen Sie Ihr Anliegen und Ihre Wünsche im laut vernehmbaren Ton dem Südwind.

Streichen Sie einen Teil der zerstampften Pflanzen in Ihre rechte Hand und blasen Sie neunmal in Richtung Süden. Nehmen Sie danach eine rote Kerze, reiben sie mit den zerstampften Pflanzen ein und stellen sie angezündet in die Südrichtung.

Wenden Sie sich an den Westen und sagen Sie:

Westwind, ich rufe dich,
um meinen Wunsch zu den schier endlosen Wassern des Westens zu tragen.
Ich verlange von deinen Herrschern Erfolg in meinem Anliegen.

Erzählen Sie dem Westwind genaueres von dem, was Sie sich wünschen.

Streichen Sie einen Teil der zerstampften Pflanzen in Ihre rechte Hand und blasen Sie neunmal in Richtung Westen. Nehmen Sie danach eine blaue Kerze, reiben sie mit den zerstampften Pflanzen ein und stellen sie angezündet in die Westrichtung.

Verlassen Sie den Kreis rückwärtslaufend, drehen sich nach wenigen Metern um und schauen Sie nicht mehr zurück.

Aktivieren Sie Ihre Energie-Turbinen mit Glückssteinen

Es ist möglich, alle sieben Energiezentren des Menschen durch Edelsteine mit Energie aufzuladen, von schlechten Einflüssen zu reinigen und damit zu harmonisieren.

Voraussetzung für die Wirksamkeit ist, dass die Edelsteine echt sind. Vor ihrer Anwendung müssen sie in fließendem Wasser gereinigt werden.

Die Anwendung der Chakren-Lehre erfordert, dass man den passenden Edelstein auf das zugehörige Chakra legt:

Chakra	Farbe Edelstein
Füße	rot: roter Spinel, Granat, Rubin
Sexualorgane	orange: gelber Saphir, Goldtopas
Nabel	gelb: Bernstein, Citrin
Herz	grün: Chrysopras, Turmalin, Smaragd
Kehlkopf	hellblau: Aquamarin, blauer Topas
Nasenwurzel	blau: Lapislazuli, Saphir
Kopf	violett: Amethyst

Man kann auch nur grüne oder weiße Steine auf die Chakren legen, wozu sich besonders der Malachit und der Bergkristall eignen. Natürlich sind auch Ihre ganz persönlichen Glückssteine für diese Prozedur geeignet.

Sie beginnen die Behandlung mit einer Meditation von etwa 15 Minuten, um sich zu sensibilisieren. Legen Sie die Glückssteine auf die betreffenden Chakras und stellen Sie sich vor, wie sich eine Verbindung mit den Edelsteinen formiert, wie die Energie am Anfang langsam und dann immer schneller zirkuliert und Ihnen wie ein Dynamo neue Kraft bringt.

Eine weitere klassische Methode der Edelsteintherapie ist: Die Steine werden pulverisiert und dann zu Salben und Tinkturen verarbeitet. Die Kraft der Sonne oder des Mondes kann man mitbenutzen, wenn man aus den Edelsteinen Elixiere herstellt. Dazu legen Sie den Glücksstein in ein verschließbares Gefäß aus Glas mit frischem Mineralwasser und stellen es bei wichtigen Planetenaspekten in die Sonne oder setzen es dem Licht des Vollmondes aus. Sie können auch die Planetenstunden des Tages nutzen. Verstärken können Sie den Vorgang, indem Sie verstärkende Pflanzen und

ätherische Öle des betreffenden Chakras oder Edelsteine dazu geben. Wichtig ist, vor allem wenn Sie Pflanzenteile dazugeben, dass Sie an die Haltbarkeit der Elixiere denken. Das erreichen Sie, wenn Sie 60% des Elixiers mit 40% Alkohol mischen. Den reinen Alkohol, bekommen Sie in der Apotheke.

EIN WORT ZUR MAGNET-THERAPIE

Glücksstein-Magnetschmuck empfehle ich Ihnen, wenn sie einen spannungsvollen Mars im Horoskop haben.

Die Magnete dienen zur Vorbeugung und Regeneration, für mehr Vitalität und Lebensfreude. Besonders wirksam sind kraftvolle Magnete. Die starken Magnete können nach meiner Meinung Schmerzen lindern, die Durchblutung fördern, die Sauerstoffaufnahme erhöhen und die Nährstoffzufuhr optimieren. Wichtig sind sie vor allem bei Magenproblemen!

Siehe auch Information „**Magnetfeldschmuck**“ auf Seite 136 dieses Buches!

Nachwort von Martin Schmid

Ich darf Ihnen versichern, Ich stehe hinter jedem Wort, das ich geschrieben habe. Ich war nie ein Mann vieler Worte, die Praxis alleine war mir wichtig und diesen Grundsatz finden Sie auch in diesem Buch und den unzähligen Tipps. Sie werden Ihnen das Leben sicher angenehmer, erfolgreicher und einfacher machen, falls es ihnen gelingt, einiges davon in Ihr ganz persönliches Leben umzusetzen.

Wir stehen vor einer Zeitenwende, noch viel intensiver als beim Niedergang der Weimarer Republik. Es ist eine ganze Epoche, die jetzt zuende geht. Wir stehen am Rande des finsteren Zeitalters, bereit ins neue goldene Jahrtausend zu gehen. Das geht nicht ohne größere und kleinere „Katastrophen" ab. Unsere Politiker entpuppen sich jetzt, nach und nach, nicht gerade als die Musterknaben, für die wir sie immer gehalten haben. Und unsere großen Unternehmen, wie Telekom etc..., scheinen auch etwas unter dem „amerikanischen Syndrom" zu leiden.

Wem soll man da noch glauben? Der Kirche und ihren Priestern, die jede zweite Woche in den Zeitungen der Weltpresse mit Sex-Skandalen, sogar weltweit, glänzen? In Amerika haben sie sogar soviel angestellt, dass die dortige Niederlassung Pleite zu gehen droht! Oder unseren Politikern, die mit Schmiergeldaffären seit Jahren die Schlagzeilen der Zeitungen zieren? Bei uns besteht eine sehr unselige Allianz der Kirche mit den Politikern und die Religion profitiert wie in keinem anderen Land der Welt, finanziell von den vielen Steuerzahlern in Deutschland. Und vor lauter Steuer-Geld zählen, ist die katholische Kirche, wie mir es scheint, in der Entwicklung stehen geblieben und dabei, eine Kirche ohne Publikum zu werden.

Wo sind die Leute in unserer Republik, die noch korrekt arbeiten und die noch eine bescheidene Demokratie zulassen?

Ein Staat, der die Ärmsten der Einkommensgruppe so übermäßig stark belastet, der sich Überstunden der Fleißigen so fürstlich belohnen lässt und der die Konzerne mit üppigen Steuergeldern (Subventionen nennt man das) unterstützt, statt diese erhebt, ist kein Staat, den wir verdienen. Ein Staat, der unsere Abgaben in astronomische Höhen treibt und der aus Staatsbeamten und Ministern besteht, die sich überhaupt nicht im realen Leben, sondern nur im Gesetz auskennen oder sich vorher als Oberlehrer im Schulwesen etabliert haben, sind außerhalb jeder Praxis der Realität. Wie wollen uns diese Leute auch helfen können?

Wir haben deswegen eine Gesetzesschwemme, die niemand mehr kontrollieren kann und mag, von Verstehen ist sowieso keine Rede mehr. Das gilt um so mehr, wenn es sich um Steuergesetze handelt. Und wenn unsere Minister Probleme lösen sollen, denken sie ausnahmslos an Steuererhöhungen und das, seit dem letzten Krieg. Versprechen tun sie aber vor jeder Wahl, dass die

Steuern endlich gesenkt werden, nur bisher sind die Steuern jährlich erhöht worden, dass letzte Mal, im letzten Jahr und dieses Jahr ist es bestimmt nicht anders als die vergangenen Jahre. Wir werden von unfähigen Leuten regiert!

Das ist eine Meinung, die sich bei jeder kleinen Überprüfung der Sachverhalte unweigerlich ergibt. Tatsache ist, dass diese Art von Politik weltweit scheitert. Man muss nur nach Afrika schauen, nach Südamerika, nach Japan und den übrigen nahen und fernen Osten, den Tigerstaaten und der ehemaligen Sowjetunion, um zu erkennen, dass das IWF am Ende ist. Und mit dem Niedergang des IWF, geht die Kontrolle der USA über die übrige Welt verloren.

Meine ganz persönliche Meinung ist, wir haben Leute an der Regierung, die sich von einer fremden Macht, (USA) die Erlaubnis ihrer Kandidatur holen müssen und die eben dann in erster Linie nicht unsere Interessen vertreten, sondern andere, eben ihre eigenen Interessen in unserem Lande. Trotzdem bin ich der Meinung, dass es genügend fähige Leute in der Republik gibt, diese müssen nur ihre Chance endlich wahrnehmen!

Wir müssen uns zwar in die europäische Wirklichkeit integrieren, dass ist wahr. Das bedeutet aber auch, dass wir unsere neue Realität wahrnehmen müssen, auch unsere neuen Rechte! Und die Zahlmeistermentalität zu Ungunsten der deutschen Steuerzahler, gehört gleichzeitig in die Mottenkiste verbannt!

EDELSTEIN-PREISE

Ring-Fassung BO470
10 Karat Goldfassung / 3,20 g
2,80 Karat Amethyst:........208,- €
2,71 Karat Citrin:..............194,- €
3,60 Karat
Bright blue Topas: ....194,- €
4,30 Granat:......................200,- €

Ring-Fassung BO470
18 Karat Goldfassung / 4,20 g
2,80 Karat Amethyst:........275,- €
2,71 Karat Citrin:..............262,- €
3,60 Karat
Bright blue Topas: ....261,- €
4,30 Karat Granat: ....267,- €

Ring-Fassung BO528
10 Karat Goldfassung / 2,20 g
1,47 Karat Amethyst:........170,- €
1,70 Karat
Bright. blue Topas: ....163,- €
1,27 Karat Granat: ....160,- €
1,07 Karat Citrin:..............164,- €
1,40 Karat Perle:...............172,- €
1,70 Karat
London blue Topas:..........177,- €
1,70 Karat White Topas:...159,- €

Ring-Fassung BO528
18 Karat Goldfassung / 2,90 g
1,47 Kart Amethyst:..........217,- €
1,70 Karat
Bright blue Topas: ....210,- €
1,27 Karat Granat: ....206,- €
1,07 Karat Citrin:..............210,- €
1,40 Karat Perle:...............218,- €
1,70 Karat
London blue Topas:..........224,- €
1,70 Karat White Topas:...205,- €

Ring-Fassung BQG3842
10 Karat Goldfassung / 2,80 g
2,18 Karat Citrin:..............180,- €
2,66 Karat Blue Topas:.....179,- €
2,26 Karat Amethyst:........186,- €
2,35 Karat Granat: ....185,- €
3,18 Karat Perle:...............297,- €
3,33 Karat White Topas:...171,- €

Ring-Fassung BQG3842
18 Karat Goldfassung / 3,70 g
2,18 Karat Citrin:..............240,- €
2,66 Karat Blue Topas:.....239,- €
2,26 Karat Amethyst:........246,- €
2,35 Karat Granat: ....245,- €
3,18 Karat Perle:...............357,- €
3,33 Karat White Topas:...231,- €

Ring-Fassung BQG4888
10 Karat Goldfassung / 4,50 g
11,78 Karat Amethyst:......425,- €
15,30 Karat Blue Topas: ...276,- €
13,54 Karat Citrin:............404,- €

Ring-Fassung BQG4888
18 Karat Goldfassung / 5,90 g
11,78 Karat Amethyst:......519,- €
15,30 Karat Blue Topas: ...370,- €
13,54 Karat Citrin:............499,- €

Ring-Fassung BQG4979
10 Karat Goldfassung / 3,30 g
6,96 Karat Blue Topas:...... 201,- €
5,98 Karat Amethyst: .... 217,- €
5,98 Karat Citrin: .... 213,- €

Ring-Fassung BQG4979
18 Karat Goldfassung / 4,30 g
6,96 Karat Blue Topas:.... 269,- €
5,98 Karat Amethyst:....... 286,- €
5,98 Karat Citrin:............. 281,- €

Ring-Fassung PQG5493
10 Karat Goldfassung / 2,20 g
0,98 Karat Smaragd:.................. *
1,00 Karat blue Saphir:...... 237,- €
1,00 Karat: Rubin:............ 278,- €
1,23 Karat
Swiss blue Topas:............. 163,- €
1,07 Karat
Mosambic Granat:............ 159,- €
1,05 Karat Perle:............... 164,- €
0,74 Karat Amethyst: .... 173,- €

Ring-Fassung PQG5493
18 Karat Goldfassung / 2,80 g
0,98 Karat Smaragd:.................. *
1,00 Karat blue Saphir:...... 281,- €
1,00 Karat Rubin: .... 321,- €
1,23 Karat
Swiss blue Topas:............. 207,- €
1,07 Karat
Mosambic Granat:............ 203,- €
1,05 Karat Perle:............... 208,- €
0,74 Karat Amethyst:........ 217,- €

Ring-Fassung PQG5550
10 Karat Goldfassung / 2,90 g
2,63 Karat Lemon Quarz:. 179,- €
3,21 Karat
Swiss blue Topas:............. 189,- €
2,10 Karat Granat:............ 183,- €
2,32 Karat Citrin: .... 193,- €
2,46 Karat Amethyst: .... 235,- €
3,21 Karat
London blue Topas:.......... 204,- €
3,22 Karat White Topas:... 174,- €

Ring-Fassung PQG5550
18 Karat Goldfassung / 3,80 g
2,63 Karat Lemon Quarz: . 240,- €
3,21 Karat
Swiss blue Topas:............. 250,- €
2,10 Karat Granat:............ 244,- €
2,32 Karat Citrin:.............. 254,- €
2,46 Karat Amethyst:........ 296,- €
3,21 Karat
London blue Topas:.......... 265,- €
3,22 Karat White Topas:... 235,- €

Ring-Fassung BQG5623
10 Karat Goldfassung / 1,70 g
1,66 Karat Blue Topas:.... 162,- €
1,77 Karat Perle:.............. 171,- €
1,07 Karat Citrin: .... 156,- €

Ring-Fassung BQG5623
18 Karat Goldfassung / 2,30 g
1,66 Karat Blue Topas:.... 199,- €
1,77 Karat Perle:.............. 209,- €
1,07 Karat Citrin:............. 193,- €

Ring-Fassung BQG5868
10 Karat Goldfassung / 3,40 g
2,74 Karat Perle: ....216,- €

Ring-Fassung BQG5868
18 Karat Goldfassung / 4,50 g
2,74 Karat Perle: ....289,- €

Ring-Fassung QR 522
10 Karat Goldfassung / 15 g
2,00 Karat Citrin: ....399,- €
2,90 Karat
Swiss blue Topas: ....389,- €
2,00 Karat Amethyst: ....413,- €
1,93 Karat Türkis: ....386,- €
2,00 Karat Lapislazuli: ......391,- €

Ring-Fassung QR 522
18 Karat Goldfassung / 19,50 g
2,00 Karat Citrin: ....709,- €
2,90 Karat
Swiss blue Topas: ....699,- €
2,00 Karat Amethyst: ....724,- €
1,93 Karat Türkis: ....696,- €
2,00 Karat Lapislazuli: ......702,- €

Herren - Ring-Fassung
10 Karat Goldfassung
2,00 Karat blauer Saphir: ....*
2,90 Karat Rubin: ....*
2,00 Karat Smaragd: ....*
1,93 Karat Türkis: ....*
2,00 Karat Lapislazuli: ....*
2,00 Karat Opal: ....*

Herren - Ring-Fassung
18 Karat Goldfassung
2,00 Karat blauer Saphir: ....*
2,90 Karat Rubin: ....*
2,00 Karat Smaragd: ....*
1,93 Karat Türkis: ....*
2,00 Karat Lapislazuli: ....*
2,00 Karat Opal: ....*

Damen - Ring-Fassung
10 Karat Goldfassung
2,00 Karat blauer Saphir: ....*
2,90 Karat Swiss blue Topas: .....*
2,00 Karat Amethyst: ....*
1,93 Karat Türkis: ....*
2,00 Karat Lapislazuli: ....*

Damen - Ring-Fassung
18 Karat Goldfassung
2,00 Karat blauer Saphir: ....*
2,90 Karat Swiss blue Topas: .....*
2,00 Karat Amethyst: ....*
1,93 Karat Türkis: ....*
2,00 Karat Lapislazuli: ....*

Anhänger in Gold 10 Karat

2,5 Karat Topas: ....*
2,5 Karat Aquamarin: ....*
2,5 Karat Citrin: ....*
2,5 Karat Amethyst: ....*
2,5 Karat Granat: ....*

Anhänger in Gold 18 Karat

2,5 Karat Topas: ....*
2,5 Karat Aquamarin: ....*
2,5 Karat Citrin: ....*
2,5 Karat Amethyst: ....*
2,5 Karat Granat: ....*

Anhänger in Gold 10 Karat

2,5 Karat Topas: .... *
2,5 Karat Aquamarin: .... *
2,5 Karat Citrin: .... *
2,5 Karat Amethyst: .... *
2,5 Karat Granat:........................ *

Anhänger in Gold 18 Karat

2,5 Karat Topas: .... 227,- €
2,5 Karat Aquamarin: .... *
2,5 Karat Citrin: .... *
2,5 Karat Amethyst: .... *
2,5 Karat Granat:........................ *

Anhänger in Gold 10 Karat

2,5 Karat Topas: .... *
2,5 Karat Aquamarin: .... *
2,5 Karat Citrin: .... *
2,5 Karat Amethyst: .... *
2,5 Karat Granat:........................ *

***Die fehlenden Preise finden Sie aktuell im Internet unter: www.martin-schmid.com**

Ein passender Glücksstein kann Ihr Leben sehr positiv verändern. Das hat nichts damit zu tun, ob sie es glauben oder nicht. Probieren sie es aus!

Wählen sie ihren ganz persönlichen Glücksstein aus!

Die Glückssteine sind wahlweise in 10 Karat, 14 Karat, oder 18 Karat Gold gefasst.

Ich habe aus Thailand, dem größten Exportland für Edelsteine im fernen Osten, die idealen Glückssteine mit einer Größe von 4-6 Karat mitgebracht. Die Glückssteinringe sind in 14 Karat Gold zu haben.

Der abgebildete Herrenring kostet 349,- € als blauer Topas und ist auch als Mondstein, Opal, Lapislazuli, Granat, Rosenquarz, Aquamarin, Malachit, Onyx, Türkis, Amethyst und grüner und roter Turmalin jeweils mit etwa 4 Karat Edelsteingröße zu haben.

Für die Damen gibt es dasselbe in einer anderen Fassung und günstiger! Der Damenring zum Beispiel, hier ist der Glückstein ein roter Turmalin, kostet 536,- €

In jede der abgebildeten Fassungen passen mehrere Glückssteine hinein.

Topas

4,00 Blauer Topas Herrenring: ....349,- €
4,00 Blauer Topas Damenring: ....256,- €
4,00 Blauer Topas Anhänger: ....256,- €

Amethyst

4,00 Amethyst Herrenring:.............. 390,- €
4,00 Amethyst Damenring: .... 320,- €
4,00 Amethyst Damenring: .... 326,- €

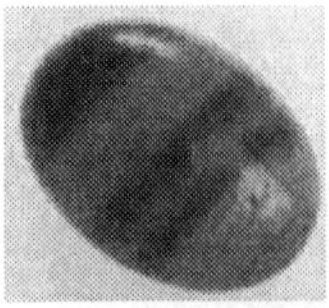

Malachit

4,00 Malachit Herrenring: ....396,- €
4,00 Malachit Damenring:...............264,- €
4,00 Malachit Anhänger: ....264,- €

Granat

4,00 Karat Granat Herrenring:......... 372,- €
4,00 Karat Granat Damenring: .... 284,- €
4,00 Karat Granat Anhänger: .... 284,- €

Roter Turmalin

4,00 Roter Turmalin Herrenring: .....666,- €
4,00 Roter Turmalin Damenring:.... 536.--€
4,00 Roter Turmalin Anhänger:.......536,- €

Grüner Turmalin

4,00 Grüner Turmalin Herrenring: .. 666,- €
4,00 Grüner Turmalin Damenring:.. 536,- €
4,00 Grüner Turmalin Anhänger:.... 536,- €

14 Karat Goldfassung/massiver Ring

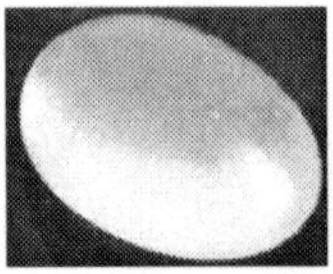

Mondstein

4,00 Mondstein Herrenring:.............348,- €
4,00 Mondstein Damenring: ....256,- €
4,00 Mondstein Anhänger: ....256,- €

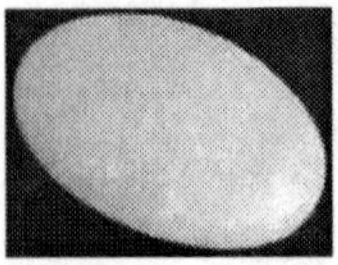

Opal

4,00 Opal Herrenring:.................... 476,- €
4,00 Opal Damenring:................... 439,- €
4,00 Opal Anhänger:......................439,- €

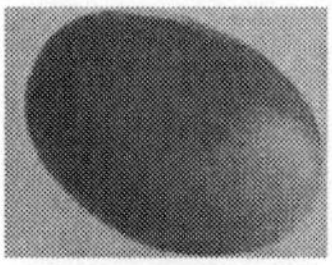

Türkis

4,00 Türkis Herrenring: .... 380,- €
4,00 Türkis Damenring: .... 264,- €
4,00 Türkis Anhänger : .... 264,- €

Lapislazuli

4,00 Lapis Herrenring: .... 410,- €
4,00 Lapis Damenring: .... 288,- €
4,00 Lapis Anhänger: .... 250,- €

Aquamarin

4,00 Aquamarin Herrenring: .... 1096,- €
4,00 Aquamarin Damenring: .... 940,- €
2,50 Aquamarin Herrenring: .... 810,- €
2,50 Aquamarin Damenring: .... 780,- €
2,50 Aquamarin Anhänger: .... 780,- €

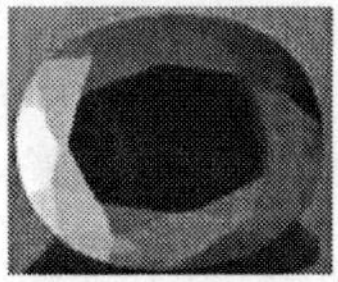

Onyx

4,00 Onyx Herrenring: .... 399,- €
4,00 Onyx Damenring: .... 250,- €
4,00 Onyx Anhänger: .... 250,- €

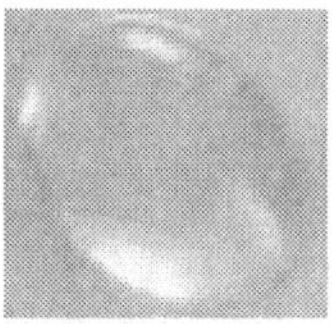

Rosenquarz

4,00 Rosenquarz Herrenring: .... 396,- €
4,00 Rosenquarz Damenring: .... 264,- €
4,00 Rosenquarz Anhänger: .... 264,- €

Für Vollständigkeit und Richtigkeit der Preis- und Gestaltungsangaben übernimmt der Verlag keine Gewähr.

Aktuelle Glückssteinlisten finden Sie im Internet unter www.martin-schmid.de

HIER KÖNNEN SIE DIREKT IHRE PERSÖNLICHEN GLÜCKSSTEINE BESTELLEN

Hier bekommen Sie Ihren Glücks-Edelstein besonders preiswert.

Schicken Sie Ihre Bestellung an:

Firma Ploynumschok limited Partnership
37/28, Moo 8, Tiwanon Road, Bangkrasor, Muang Nonthaburi 110000
Thailand

Wir bitten um Vorkasse. Überweisen Sie den Betrag (Auslandsüberweisung) auf das angegebene Konto der Firma Ploynumschok limited Partnership:

the siam comercial bank public company limitet
Account: 319-2-77297-7
Ngamwongwan Branch
Swift Code: SICOTHBK

Das Kontakt-Büro für Glückssteine in Deutschland:

Astromarketing Wisetwongsa
Madenburgstraße 26, D–68219 Mannheim
Telefon: 06 21- 8 32 28 92
Fax: 06 21 – 8 32 28 93
Mail: astrofon@t-online.de

Büro in Thailand:

90/154 Mubaan Neerawan Villa
Soi Tha-It Rattanatibet Road
Muang Nonthaburi 11000
Thailand
Telefon und Fax: 00662 - 9 24 58 06
Mail: astrofon@freenet.de

Wichtig ist, dass Edelsteine immer (Tag und Nacht) auf der Haut getragen werden! Müssen Sie die Steine mal ablegen, dann sollten Sie diese in ein Seidentüchlein packen und dunkel lagern.

Hier ist sie endlich:

Die „BUY-CARD“

Die BUY-CARD ist ein **international gültiges Zahlungsmittel** der **VISA Kartenorganisation**, welches anfangs nur auf **Guthabenbasis** geführt wird. Die Karte kann weltweit an über **29.000.000 VISA Card Akzeptanzstellen & Automaten** genutzt werden.

Um Überweisungsgebühren zu minimieren, erfolgt das Aufladen der Karte über ein Auslandstransferkonto bei der Deutschen Bank und der Bank of America™.

Sie erhalten **DIREKT online Zugriff** auf Ihr Kartenkonto. (z. Zt. noch in englischer Sprache / Erläuterungen in Deutsch finden Sie in Kürze im internen Bereich dieser Website).

Die BUY-CARD (Parent Card)

- US-Kartenkonto ohne Schufa Prüfung
- Kontoführung wahlweise in Euro oder USD
- unlimitierter Geldtransfer

Die BUY-CARD (Partner Card)

- für Ihren Lebenspartner (unter gleicher Anschrift)
- nur in Verbindung mit der Parent Card
- alle Features der BUY-CARD zum ermäßigten Preis

Die BUY-CARD (Junior Card)

- für Ihre Kinder von 14 bis 17 Jahren
- Jugendliche werden mir der Junior Card risikolos an den Umgang mit Kreditkarten herangeführt
- nur in Verbindung mit der Parent Card
- alle Features der BUY-CARD zum ermäßigten Preis

Die wichtigsten Vorteile der BUY-CARD im Überblick:

Kontoführung wahlweise in Euro oder US-Dollar

Millionen von Menschen (vorerst begrenzt auf Europa und USA) die in anderen Ländern arbeiten, haben mit der BUY-CARD die Möglichkeit, Banktransaktionen International durchzuführen **ohne lokal ein herkömmliches Bankkonto eröffnen zu müssen**.

Zugriff auf das Karten-Guthaben bereits nach 2 - 3 Werktagen nach Einzahlung auf das deutsche Referenzkonto. (gilt nicht für die Ersteinrichtung)

Zeit- und Kostenersparnis gegenüber dem Einlösen von Schecks (gerade bei internationalen Transaktionen)

Einkaufen an mehr als 29.000.000 Akzeptanzstellen weltweit.

Ständiger Online Zugriff auf den Kontostand und auf Kontobewegungen. Kontostands-Abfragen über jeden VISA Card Bankautomaten.

Zusätzliche Vorteile für Unternehmer

Die BUY-CARD bietet auch die Möglichkeit, Gehaltszahlungen an alle Mitarbeiter weltweit durchführen. Die Gehälter sind in jeder Währung innerhalb von 2- 3 Tagen verfügbar!
Geringe Überweisungsgebühren (siehe: Die Gebühren)
Schnellerer Transfer von Gehältern ins Ausland.
Absolute Kontrolle über Spesenkonten.
Reisen ohne große Mengen an Bargeld.
Zahlungen an ausländische Lieferanten ohne Zeitverzögerung.
Klein- und Bargeldreserven müssen nur auf ein Minimum mitgeführt werden.
Schnelle und kostengünstige Provisionsauszahlungen für internationale Mitarbeiter / Vertriebsorganisationen

Die BUY-CARD Gebühren im Überblick:

Gebühr für BUY-CARD:	Parent Card	Partner Card*	Junior Card**
Antragsgebühr	45,00 Euro	0,00 Euro	0,00 Euro
Jahresgebühr	65,00 Euro	65,00 Euro	65,00 Euro
Einzahlung auf Ihr Kartenkonto (Überweisungsgebühr auf Referenzkonto)	1,50 Euro	1,50 Euro	1,50 Euro
Kontoauszugsgebühr (offline)	3,00 Euro	3,00 Euro	3,00 Euro
Buchungsgebühr pro Buchung	0,50 Euro	0,50 Euro	0,50 Euro
Verlorene/Gestohlene Karte	20,00 Euro	20,00 Euro	20,00 Euro
Kundenhotline - Deutschland	0,32 Euro/min	0,32 Euro/min	0,32 Euro/min

Für Zahlungen und Abhebungen gelten die allgemeinen VISA Card Gebühren.

* kann NUR über eine Parent Card beantragt werden !
** kann NUR von einem Elternteil über eine Parent Card beantragt werden !

Hier können Sie die „Super“ Kredit-Karte bestellen:

Martin Schmid, Madenburgstraße 26, 68219 Mannheim
Fax: 0621-8322893, Mail: astrofon@t-online.de
Aktuelle Info: http://www.astro.buy-card.net/

AUTORENPORTRAIT
BUNTIAM CHANTEENONK

Ich bin am 12.11.48, morgens um 7.30 Uhr in Nordthailand geboren. Ich wuchs in einer ganz normalen thailändischen Bauernfamilie auf und bin wohl durch meine Intuition und meine Interessen und Fähigkeiten schnell in die Rolle der Heilerin und Astrologin gedrängt worden.

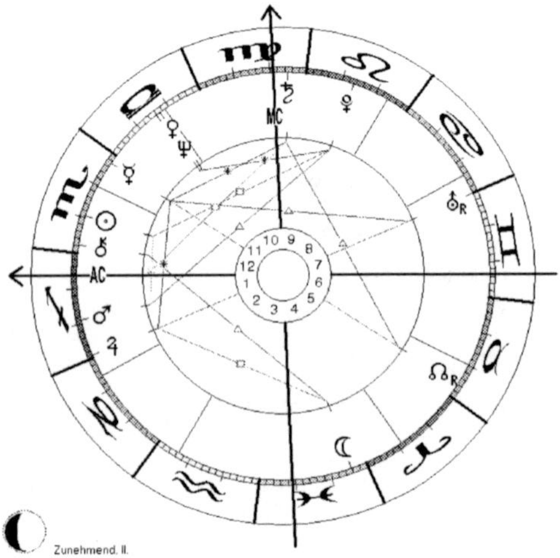

Durch meine 12. Hausbetonung habe ich ein Leben lang mit schweren Widerständen der Behörden und Interessengruppen in meiner unmittelbaren Umgehung zu kämpfen gehabt. Das hat mich geformt und das Leben selbst hat in mir eine große Neugierde auf die Rätsel des Lebens geweckt.

Meine starke Zurückhaltung in allen öffentlichen Dingen des Lebens kommt aus der gleichen Quelle. Egal was wir tun, ob es uns Spaß macht oder Probleme bereitet, die Dinge des Lebens erschöpfen uns. Deswegen habe ich es vorgezogen im Stillen zu arbeiten. Daran wird sich in Zukunft nichts ändern. Mein deutscher Schüler Martin Schmid, hat es verstanden, mein Interesse soweit zu wecken, dass ich meine Ansichten über Astrologie mit ihm geteilt habe. Ich bin der Ansicht, dass ich ihm gar nicht soviel vermittelt habe, wie er gerne vorgibt. Die Fähigkeit muss eben schon vorhanden sein, sonst fällt kein Wort auf fruchtbaren Boden.

Die Glückssteine haben in Thailand eine uralte Tradition. Thailand ist nicht ohne Grund der weltgrößte Schmuckexporteur in Farbsteinen. Mein Wissen über dieses Wunder der Natur gebe ich gerne an Sie weiter.

Ich hoffe, mein Beitrag kann Sie ermutigen, mehr aus Ihrem Leben zu machen und die Dinge in Ihrem Umfeld zu Ihren Gunsten zu beeinflussen.

Ich verzichte bewusst auf ein Bild von mir oder Fotos von meiner thailändischen Heimat. Denn ich liebe den Rummel und den Personenkult nicht.

Mit den besten Wünschen für Ihre Zukunft

Buntiam Chanteenonk

Autorenportrait Martin Schmid

Ich bin am 24.07.1946 um etwa 18.10 Uhr in Grafenwöhr geboren. Dort bin ich dann auch in die Schule gegangen. Ab dem dritten Schuljahr hatte ich starke Probleme mit meinen Augen (Auslösung der Sonne-Saturn Konjunktion im achten Haus im Löwen). Zeitweilig war ich auf dem rechten Auge blind und durch eine aufwendige Operation konnte ich wieder sehen, war aber dann noch lange durch die Nachwirkungen der Operation beeinträchtigt. Länger als 30 Minuten konnte ich viele Jahre kein Buch lesen, ohne mit starken Kopfschmerzen konfrontiert zu werden. Regelmäßig nach zwei Stunden Unterricht konnte ich mich nicht mehr konzentrieren und wurde von starken Kopfschmerzen geplagt. Das hatte Folgen auf meine Ausbildung. Ich konnte nicht auf weiterführende Schulen gehen und musste einen Handwerksberuf erlernen. So erlernte ich den Bäckerberuf in Weiden und machte ein paar Jahre später meine Meisterprüfung in Nürnberg. Nach ein paar Jahren Berufspraxis wechselte ich in die Pharmazie über und machte die Ausbildung zum Pharmareferenten. Nach einer erfolgreichen Berufspraxis, zuletzt als Verkaufsleiter für Süddeutschland bei einer bekannten Pharmafirma, suchte ich die Unabhängigkeit und machte mich endlich als Astrologe selbständig und probte gleichzeitig den Sprung in die Medien.

Meine Tante Rosa Schmid, hat mich schon sehr früh in meiner Jugend mit der Esoterik konfrontiert. Sie hat mich die ersten Schritte in Richtung Astrologie schon ab dem 10. Lebensjahr gelehrt und mit 14 Jahren konnte ich schon mein erstes Horoskop errechnen. So richtig los ging's dann aber mit 16 Jahren! Verkauft habe ich aber meine Horoskope erst, als ich mich als Astrologe selbständig gemacht habe! Vorher war es nur Spaß an der Freud und ich kann mich gut an die vielen Wochenenden erinnern, die ich mit Gratishoroskopen verbracht habe. Das sind keine schlechten Erinnerungen, denn viele meiner damaligen Gesprächspartner betreue ich heute noch.

Meiner Tante habe ich meinen wachen, unabhängigen Intellekt zu verdanken. Sie hat ihn geschützt, angeregt und genährt. Meiner Mutter verdanke ich die Liebe zu den Dingen des Alltags. Sie hat mir viel Liebe und Geborgenheit gegeben. Mein Selbstbewusstsein als Löwe hat das dringend gebraucht. Das Gefühl der Zugehörigkeit und Harmonie, dass ich oft bei meiner Arbeit fühle, ist ihr Geschenk. Mein Vater, der im Sternzeichen Fische geboren war, hat mich als Löwe nie richtig verstanden. Und ich ihn auch nicht. Aber er hat mir das starke Gefühl des Wollens vermittelt und den Ehrgeiz, Dinge trotz aller Probleme zu erreichen. Ich fühle mich mit ihm immer dann verbunden, wenn ich beruflich ein starkes Stück vorwärtsgeklettert bin. Und heute kann ich ihn gut verstehen.

Vor gut 11 Jahren habe ich Buntiam Chanteenonk das erste mal getroffen, meine Lehrerin in Sachen Astrologie. Seit ich sie kenne, bin ich in der Öffentlichkeit, in den Medien tätig. Ihr verdanke ich die treffsicheren Prognosen.

Heute, ich bin jetzt gerade fast 57 Jahre alt (Mai 2003) und blicke auf gut zwei Drittel meines Lebens zurück. Ich habe die Dinge erreicht, die mir wichtig waren. Ich mache seit mehr als 20 Jahren erfolgreiche Medienarbeit, die ich mit Rundfunksendungen begonnen habe und zwischendurch auch mit Tätigkeiten in Zeitschriften-Verlagen ergänzte. Heute bin ich im Fernsehen zuhause und mache täglich, live eine Astrologiesendung, die europaweit viele Anhänger hat.

Ich hoffe, ich konnte auch Sie mit meinen Beiträgen der Astrologie, Magie und der Glückssteine ein wenig begeistern.

Ihr

Martin Schmid

WEITERES BUCH DES AUTOREN

Martin Schmid

Gnadenlos ehrlich

ISBN 3-929046-51-2
156 Seiten, Pb
21,00 Euro

Astrologie existiert seit vielen Jahrtausenden, die Wissenschaft ist immer ein kurzsichtiges, bockbeiniges Kind ihrer Zeit. Ein typischer Ausspruch von Martin Schmid, der seit mehr als 20 Jahren in Sachen Astrologie arbeitet. Richtig populär wurde er jedoch erst durch die Sendung „Astrofon", wo er nicht nur die anrufenden Zuschauer aus astrologischer Sicht in Lebensfragen berät, sondern auch kein Blatt vor den Mund nimmt, wenn es darum geht, die aktuellen Ereignisse des Weltgeschehens sowie den Klatsch und Tratsch der Promis zu kommentieren. Auch mit seinen Ansichten über Personen aus Politik und Wirtschaft hält er nicht hinterm Berg, sondern bleibt auch hier: Gnadenlos ehrlich! Astrologie ist auch in Deutschland immer mehr im Aufwind und es wird höchste Zeit, dass uns Martin Schmid nicht länger auf sein erstes Buch warten lässt: Hier ist es!

<ins>Zu beziehen in jeder guten Buchhandlung oder bequem und schnell direkt bei uns:</ins>

spirit Rainbow Verlag
Inh. Gudrun Anders
Forsterstraße 75
52080 Aachen
Telefon / Fax: (02 41) 70 14 7 21
E-Mail: rainbowverlag@aol.com
Homepage: www.spirit-rainbow-verlag.de

<ins>Fordern Sie auch unser kostenloses Verlagsverzeichnis an!</ins>

Aus dem weiteren Verlagsprogramm

Märchen helfen heilen
Gudrun Anders

Lassen Sie durch das Schreiben eines Märchens Ihr inneres Kind wieder zum Vorschein kommen. Drücken Sie es ganz fest an sich und Sie werden sehen, dass es Ihnen innerhalb kurzer Zeit wesentlich besser geht als jemals zuvor in Ihrem Leben! Selbstgeschriebene Märchen helfen uns, zu unserem innersten Wesenskern zurückzufinden. Dieses Buch bringt uns die Märchensymbolik näher, enthält viele Märchen für große und kleine Kinder und eine ausführliche Anleitung zum Märchenschreiben und zur Märchenanalyse. **ISBN 3-929046-18-0, 208 Seiten, Pb, 12,90 €**

Geld ist mein Freund - Die vier Gesetze des Reichtums
Phil Laut

Phil Laut erläutert Ihnen in diesem Buch auf leicht verständliche und anschauliche Weise Ihre Beziehung zum Geld. Ob Sie sich selbständig machen wollen, sich unterbezahlt fühlen oder den falschen Job haben - dieses Buch gibt Ihnen die Antworten. Phil Laut erklärt Ihnen, dass es zum größten Teil psychologische Faktoren sind, die uns daran hindern, so viel Geld zu bekommen, wie wir wirklich verdienen.
ISBN 3-929046-24-5, 232 Seiten, Pb, 15,80 €

Rebirthing, Geld und Unsterblichkeit
Schriften vom Begründer der Rebirthingbewegung
Leonard Orr

Leonard Orr ist der Begründer der weltweit bekannten Rebirthingbewegung. Orr gibt in diesem Buch nicht nur darüber Auskunft, welche Schritte dafür erforderlich sind, um ein erfolgreicher Rebirther zu werden. Er berichtet auch über seine vorzeitig erlebten senilen Jahre, Rebirthing mit seinem neu geborenen Sohn Raja und den Weg zur physischen Unsterblichkeit. Das Buch ist eine Fundgrube an lebensbejahenden Gedanken für jeden Rebirther und alle, die einen bewussteren Einstieg in lebensverlängerndes Gedankengut haben möchten.
ISBN 3-929046-14-8, 176 Seiten, Pb, 12,80 €

Wohlstands-Aerobic

Cary Bayer

Wir alle wissen, dass Aerobic und andere Übungen den Körper fit halten – und Millionen Menschen machen Sport! Wir alle sollten wissen, dass mentale Übungen den Geist fit halten – Millionen Menschen sollten sich für geistige Fitness interessieren und damit Geldquellen öffnen! Das Buch möchte alle Menschen genau darin unterstützen. Dieses leicht zu erlernende Workout-Programm für die mentale Fitness beinhaltet mentale Übungen, die in Amerika bereits tausendfach angewandt wurden und schon vielen Menschen geholfen hat, den Geldfluss und den Wohlstand in ihrem Leben zu erhöhen. **ISBN 3-929046-34-2, 84 Seiten, Pb, 10 €**

So gründen Sie eine Sekte – Ein Ratgeber für Betroffene und Gurus

Ralf Lehnert

„So gründen Sie eine Sekte" ist ein humorvolles und teils satirisches Buch, das zum einen aufklärt und die Machenschaften von Sekten demaskiert, zum anderen aber auch dem interessierten Laien fundierte esoterische Kenntnisse und Gesetzmäßigkeiten vermittelt. Eine wahre Fundgrube an Hintergrundwissen für Betroffene, Gurus und solche, die es werden wollen.
ISBN 3-929046-31-8, 140 Seiten, Pb, 12,90 €

Erdstrahlen - Was nun? Der Beweis: Wasseradern machen krank!

Hans von Zeppelin

Unterirdische Wasseradern gefährden unsere Gesundheit. Dipl.-Ing. Hans von Zeppelin führte in seiner Heimatgemeinde eine großflächige Untersuchung durch, bei der die Zusammenhänge zwischen dem Vorkommen unterirdischer Wasseradern und dem Auftreten von Krankheiten untersucht und belegt wurden. Das Ergebnis dieser Untersuchung muss wachrütteln: „Wasseradern machen krank!" Der Autor möchte mit seinen Aktivitäten erreichen, dass in nicht allzu ferner Zukunft keine Bebauungspläne mehr aufgestellt werden, ohne vorherige Lokalisierung unterirdischer Wasseradern. Im zweiten Teil dieses Buches erhält der Leser Einblicke in die Geschichte der Radiästhesie und ausführliche, für jedermann verständliche und praktikable Anleitungen zum Umgang mit unterschiedlichen Wünschelruten. - Hans von Zeppelins Buch versteht sich als Hilfe zur Selbsthilfe!
ISBN 3-929046-56-3, 132 Seiten, Pb, 13,50 €

Wissen, Weisheit, Wahrheit - Einblick in das kosmische Bewusstsein
Hans-Georg Junghans

Die in diesem Buch enthaltenen Durchsagen aus der geistigen Welt betreffen alle Lebensbereiche und helfen, diese besser zu verstehen. Ob es um die eigenen Gefühle geht, das Mensch-Sein oder um Engel und Außerirdische - es enthält Texte zu allen Themenbereichen. Lassen Sie sich durch diese gechannelten Botschaften inspirieren.

ISBN 3-929046-44-X, 196 Seiten, Pb, 14,80 €

Der Sankofa-Vogel
Sigrid Güssefeld

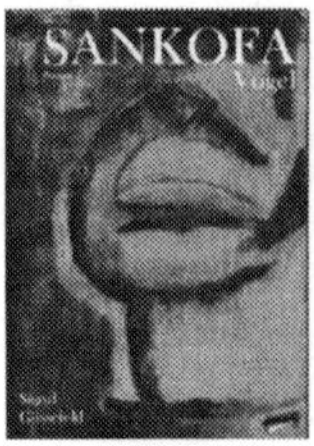

Als Cora Painter nach Ghana kommt, erfährt sie von dem grausamen Schicksal des durch Hypnose verwandelten John Miles. Wenig später steht sie ihm leibhaftig gegenüber und beide verlieben sich ineinander. Aber ihr Glück ist nicht von langer Dauer. John wird von Pseudowissenschaftlern als Versuchsobjekt gefangen genommen und schwerst misshandelt. In einem Krankenhaus in Boston werden seine körperlichen Wunden geheilt – aber er ist noch nicht gerettet, denn nun beginnt für ihn der harte Kampf, die Verletzungen seiner Seele zu verarbeiten.

ISBN 3-929046-36-9, 376 Seiten, Pb, 24 €

Herr, Dein Wille geschehe – meiner aber auch...
Ein autobiographischer Erfahrungsbericht über ein spirituelles Erwachen
Dagmar Haid

Dagmar Haid schildert in diesem Buch unter anderem ihre spirituelle Erlebnisreise in den Himalaja. In ihren Begegnungen mit anderen Menschen einer scheinbar fremden Kultur begegnet die Autorin nicht nur sich selbst - sie findet wieder zurück zu ihrem uralten Freund, den sie liebevoll "Kumpel Gott" nennt. Angeregt durch dieses Schlüsselerlebnis spürte sie fortan eine große Sehnsucht nach Wahrheit und Klarheit in ihrem Herzen. Durch weitere sonderbare Begegnungen in ihrem Leben gelang es ihr, einen Blick hinter den Horizont zu werfen. Überrascht stellte sie fest, dass es doch eine Gerechtigkeit auf dieser Welt gibt - nämlich dann, wenn wir Menschen erkennen, dass jeder selbst für sein Schicksal verantwortlich ist. Durch Selbst- und Gotterkenntnis können wir Glück und Frieden tief in uns selbst finden.

ISBN 3-929046-46-6, 204 Seiten, Pb, 15,80 €

Lebe deine Vision! Aber richtig!
Karin Bedrik

Dieses Buch bietet praktische Lebenshilfe, aus dem persönlichen Tief hin zu einem glücklichen und erfolgreichen Leben. Mit nachvollziehbaren und erprobten Methoden erklärt die Autorin, wie sie sich von Familienproblemen, Berufsproblemen, Misserfolgen, Ängsten, Verhaltensstörungen, Stress, großen und kleinen Problemen befreien können und dauerhaft zufriedener werden. Liebe, Glück und Erfüllung sind ein Grundrecht, welches ihnen voll und ganz und ohne Ausnahme zusteht. Durch das Erkennen und Verändern von unbewussten und einschränkenden, aber dennoch wirksamen Glaubenssätzen lernen Sie, selbst Einfluss auszuüben und sich von Fremdbestimmung zu lösen.
ISBN 3-929046-40-7, 148 Seiten, Pb, 13,90 €

Philosophie des Übersinnlichen – ASW, Telepathie und andere Phänomene
Dr. Gottlieb Florschütz

Außersinnliche Wahrnehmungen (ASW) sind ein weit verbreitetes und uns allen vertrautes Phänomen. In diesem Buch wird die Vielfalt der außersinnlichen Phänomene – unter anderem Telepathie, Hellsehen, sowie Spuk- und Geistererscheinungen - im Rahmen einer New-Age-Philosophie gedeutet, die den bisherigen naturwissenschaftlichen Rahmen überschreitet. Große Philosophen wie Sokrates, Swedenborg und Kant haben sich bereits Gedanken über außersinnliche Wahrnehmung gemacht und sie zu deuten versucht. Doch erst heute liegt uns mit Sheldrakes Theorie der morphischen Resonanz, auf die in diesem Buch Bezug genommen wird, ein einheitlicher biologischer Erklärungsansatz für die Vielfalt außersinnlicher Wahrnehmungen vor. **ISBN 3-929046-32-6, 164 Seiten, Pb, 14,80 €**

Vom Opfer zum Schöpfer oder dem Versuch Gott zu spielen;
Claudia Bodinet

Wenn ich groß bin, schreibe ich mal ein Buch - das war schon immer klar. Aber wann ist man groß? Warum warten wir immer damit unsere Träume zu verwirklichen bis es zu spät ist? Wir werden dazu erzogen uns der Realität zu stellen, einer Realität, die kein Platz für Träume lässt. Träume ernst zu nehmen ist nur für die gefährlich, die lieber tot sind als lebendig. Für die, die aus Bequemlichkeit und Angst heraus alle Arten von Veränderung scheuen. Aber was ist unsere Realität? Und wer bestimmt, was real ist? **ISBN 3-929046-67-9, 144 Seiten, Pb, 11,80 €**

Einsichten – Botschaften aus einer anderen Dimension

Hans-Georg Junghans

Teil 1: Buch des Wissens
Teil 2: Das neue Weltbild
Du, der Du bist, was ist in Dir? Diese Frage hat seinen Sinn. Der Sinn des Seins.
Solche oder ähnlich tiefgreifende Fragen werden in diesem Buch als gechannelte Botschaften besprochen.
ISBN 3-929046-53-9, 124 Seiten, Pb, 13,80 €

Arbeitsbuch zu den GTP-Getreideessenzen

Roswitha Posch

GTP® Getreide Essenzen – sind Helfer auf dem Lebensweg und vermitteln einen grundlegend neuen Ansatz in der Arbeit mit feinstofflicher Energie. Denn noch nie zuvor wurde so klar zwischen der gefühlsmäßigen / seelischen und der geistig/mentalen Ebene differenziert, obwohl das die Hauptkriterien für unsere gesamten Lebensumstände sind. Da GTP ein in sich abgeschlossenes System ist, können wir ganz gezielt auf den verschiedenen Wahrnehmungs- und Ausdrucksebenen Impulse geben und somit einen ganzheitlichen Weg in der Persönlichkeitsentwicklung beschreiten. Dieses Buch kann dazu dienen, für viele Probleme eine authentische Lösung zu finden. Durch die sachliche Gliederung ist der Zugang für den interessierten Laien genauso einfach wie für den versierten Therapeuten.
ISBN 3-929046-59-8, 196 Seiten, Pb, 15,80 €

Nur wer schlecht träumt, will erwachen...

Hermann R. Lehner

Sie träumen, doch Sie wissen es nicht! Wenn Sie erwachen, erfahren Sie, wer Sie wirklich sind! Und Sie sind garantiert nicht das, für was Sie sich gerade halten. Ganz sicher nicht! Es gibt zwei identische Wege hinein in das Mysterium des Unbekannten. Und dennoch, am Ende treffen wir uns alle dort, wo das allumfassende Nichts beginnt, und das alte Weltbild endet. Hermann R. Lehner suchte über 20 Jahre nach diesem geheimnisvollen ES, wurde von sogenannten „Wissenden" immer wieder auf die falsche Fährte geführt, bis er sich letztendlich entschied, keiner These mehr zu vertrauen. „Erwachen geschieht plötzlich, dann nämlich, wenn die Suche aufhört! Aber wer kann schon aufhören zu suchen, wenn er noch nicht gefunden hat, was er sucht! Man dreht sich im Kreis, bis..." Aber lesen Sie selbst. Eine kleine Geschichte über das Erwachen. **ISBN 3-929046-61-x, 200 Seiten, Pb, 15,80 €**

Philosophie des Übersinnlichen – ASW, Telepathie und andere Phänomene

Dr. Gottlieb Florschütz

Außersinnliche Wahrnehmungen (ASW) sind ein weit verbreitetes und uns allen vertrautes Phänomen. In diesem Buch wird die Vielfalt der außersinnlichen Phänomene – unter anderem Telepathie, Hellsehen, sowie Spuk- und Geistererscheinungen - im Rahmen einer New-Age-Philosophie gedeutet, die den bisherigen naturwissenschaftlichen Rahmen überschreitet. Große Philosophen wie Sokrates, Swedenborg und Kant haben sich bereits Gedanken über außersinnliche Wahrnehmung gemacht und sie zu deuten versucht. Doch erst heute liegt uns mit Sheldrakes Theorie der morphischen Resonanz, auf die in diesem Buch Bezug genommen wird, ein einheitlicher biologischer Erklärungsansatz für die Vielfalt außersinnlicher Wahrnehmungen vor. **ISBN 3-929046-32-6, 164 Seiten, Pb, 14,80 €**

Liebe, Sex & Kommunikation

Phil Laut

Der Persönlichkeitstrainer Phil Laut zeigt Ihnen in diesem Buch viele emotionale Hintergründe für Probleme und Schwierigkeiten in Beziehungen auf. Ob es um Gefühle geht, Sex oder Geld, das viele Ehen und Partnerschaften in Krisen bringen kann - der Autor bietet Ihnen in seiner humorvollen und sehr ehrlichen Art einen Weg zur Veränderungen ihrer Schwierigkeiten an. Mit Hilfe, der in diesem Buch vorgeschlagenen Lösungsansätze, sind auch Sie in kurzer Zeit in der Lage, ihr Liebesleben zufriedener und glücklicher zu gestalten. Ein ungewöhnlicher Weg der Selbsthilfe, ein ganz ungewöhnliches Buch für die Entwicklung der Selbstliebe!

ISBN 3-929046-57-1, 340 Seiten, Pb, 23,90 €

Auf unserer Homepage finden Sie weitere Bücher unseres Verlagsprogramms sowie viele Informationen. Sie können auch gern kostenlos unseren Verlagsprospekt bei uns anfordern. Bestellungen für die hier vorgestellten Bücher können direkt über den Verlag vorgenommen werden, aber auch über jede gute Buchhandlung oder via Internet: *www.libri.de* oder *www.bod.de.*

spirit RAINBOW Verlag

spirit Rainbow Verlag
Inh. Gudrun Anders
Forsterstraße 75, 52080 Aachen
Telefon und Fax: 0241 - 70 14 721
E-Mail: rainbowverlag@aol.com
www.spirit-rainbow-verlag.de

Magnetfeldschmuck

Was geschieht im Körper eines Menschen, wenn er von einem verstärkten Magnetfeld durchströmt wird? Auf zellulärer Ebene begegnet uns ein magnetfeldinduzierter Sauerstoffeffekt, d.h. in den magnetfeldbehandelten Zellen wird eine höhere Sauerstoffsättigung erreicht. Sauerstoff ist die Nahrung einer jeden Zelle, denn ohne ihn kann sie nicht in geeigneter Weise Energie erzeugen.

Trägt ein Mensch Magneten am Körper oder kommt er in den Genuss von Magnetanwendungen, verbessert sich die Sauerstoffversorgung der Zellen. Ein Mehr an Sauerstoff bedingt eine bessere Energieversorgung der Zelle und eine stärkere Durchblutung des Gewebes. Auf diesem Effekt beruht die Wirkungspalette der Magnete, alle weiteren Phänomene sind eine Folge davon: mehr Energie, Leistungsfähigkeit, Power!

Einige Beispiele aus dem gesundheitlichen Bereich: Wenn die Durchblutung in den Füßen gesteigert ist, bleiben wir von kalten Füßen verschont. Ein verspannter Muskel hungert nach mehr Durchblutung. Diese bekommt er durch Magnetprodukte, aber auch durch eine Massage, durch Wärmeanwendung, durch mehr Bewegung und natürlich in besonderem Maße durch eine Kombination dieser Möglichkeiten. Durch die verbesserte Durchblutung in der Bauchgegend fließt in den Darmwänden mehr Blut, wodurch die Peristaltik des Darms und damit die Verdauung angeregt wird. Die mangelnde Sauerstoffversorgung spielt auch bei der Krebsentstehung eine entscheidende Rolle.

Gemeinsam mit dem Sender BTV 4U, auf dem meine Sendung „Astrofon" an 5 Tagen in der Woche live ausgestrahlt wird, plane ich im Moment eine eigene Kollektion von Magnetfeldschmuck. Über die Einzelheiten werden wir Sie zu gegebener Zeit im Rahmen der Sendung, im Teletext von BTV 4U oder im Internet auf der Seite **www.btv4u.de** informieren.

Aus meiner astrologischen Sicht ist Magnetfeldschmuck immer dann angebracht und auch von hervorragender Wirkung, wenn das Marsprinzip im Radix verletzt ist.